D1717709

SUR|FACE

EDITION DARMSTADT. Band 10

Edition Turmschreiber. Band 1

PH GRUNER

LA TOUR DU MARIAGE

DER HOCHZEITSTURM

Sieben Kurzgeschichten

des 1. Darmstädter Turmschreibers

Mit einer fotografischen Hommage

an das Wahrzeichen Darmstadts

Kamera Christoph Rau, **Schnitt** Gerd Ohlhauser

Alle Rechte vorbehalten

© 2014 by Surface Book, Darmstadt, www.surface-book.de

Alle Rechte an den Texten beim Autor

Redaktion

Paul-Hermann Gruner, Darmstadt

Projektkoordination und Bildkomposition

Gerd Ohlhauser, www.surface-book.de

Fotos

Christoph Rau, Darmstadt, www.christoph-rau.de

Luftaufnahmen

Skynamic, Mainz, www.skynamic.net

Bildbearbeitung

Lasertype GmbH, Darmstadt, www.lasertype24.de

Gestaltung, Layout und Satz

Hausgrafik, Darmstadt, www.hausgrafik.de

Umschlag

Gerd Ohlhauser/Hausgrafik, unter Verwendung einer Aufnahme von Skynamic

Akquise und Subskription

Gabriele Böhle, Neu-Isenburg

Gesamtherstellung

printmedia-solutions GmbH, Frankfurt, www.printmedia-solutions.de

Printed in Germany, ISBN 978-3-939855-35-4

Walter Löffler | Sybille Markgraf | Hagen Mathy | Hans-Werner Mattis | Renate Meidinger | Hannes Metz | Gitarrenlehrer Axel Müller-Schroth | Dr. Peter Noller | Martina Noltemeier | Sabine Nothhaft (Gaststätte Gebhart) | Benita Oschatz | Verena + Wolfgang Pankoke (P2-Pankoke Innenarchitektur) | Uwe Petry (Büro VAR) | Birgit Prasser | Uwe Prinzisky | Annette Rau-Löhr + Volker Löhr | Martin Rau (Fahrradstation Darmstadt) | Bastian Ripper | Ute Ritschel | Carla + Dr. Hans-Rolf Ropertz | Dr. Ellen Rössner | Klaus Ryczyrz (Buchheimer Käsespezialitäten) | Bernd Salm (Salm Imbissbetriebe) | Frank Salomon Unternehmensberatung | Dietrich Schäfer | Klaus Peter Schaumann + Hannah Eifler-Schaumann | Petra Schecker | Klaus Peter Schellhaas (Landrat des Landkreises Darmstadt-Dieburg) | Pia + Uwe Schlegel (Restaurant Goldschmidts Park) | Antje Schmidt | Hildegard Schmidt + Elke Wolf | Peter Schmidt | Martina Schönebeck | Ingolf Schulze (Schulze & Assoziierte Architekten) | Karl Richard Schütz | Armin Schwarm | Elke Schwinn (Café Carpe Diem) | Wolfgang Seeliger (Konzertchor Darmstadt/Darmstädter Residenzfestspiele) | Werner Seibel (Bezirksverein Martinsviertel) | Stadtbibliothek Darmstadt | Cem Tevetoglu (Stadtkulturmagazin P) | TPM Engineering Griesheim | Dr. Miriam Ude + Dr. Christian Ude (Stern-Apotheke) | Kirsten Uttendorf | Dr. Thomas Vogel | Ulla von Sierakowsky | Nicolas von Wilcke (Nexplan) | Rechtsanwalt Christoph Wackerbarth (Insolvenz und Sanierung) | Ulrike + Gregor Wehner | Sabine Welsch (Heimatverein Darmstädter Heiner) | Klaus Wiedenroth | Christian Zährl | Irene Zechner | Ilonka + Wolf-Dieter Zorn | Brigitte Zypries und 3 ungenannte Mitherausgeber.

Schreiben Sie Stadtgeschichte und werden Sie Mitherausgeber und Abonnent der EDITION DARMSTADT (siehe Seite 308).

DER DARMSTÄDTER TURMSCHREIBER Das Turmschreiber-Stipendium

Der Darmstädter Oberbürgermeister Jochen Partsch bei der Vorstellung des 1. „Darmstädter Turmschreibers" am 29. April 2013: „Als Kulturdezernent bin ich dem Förderverein Hochzeitsturm für sein Engagement und seine Idee, ein solches Literatur-Stipendium aus der Taufe zu heben und zu installieren, sehr dankbar. Diese Idee ergänzt hervorragend unser Portfolio als Literaturstadt."

Gekürt wurde der 1. „Darmstädter Turmschreiber" vom Vorstand des Fördervereins Hochzeitsturm. Mit dem einstimmigen Beschluss zu einem solchen Stipendium folgte er einer Initiative von Vorstandsmitglied Günter Körner.

Mit dem Projekt betrat der Förderverein zum 30. Geburtstag seines Bestehens erstmals kulturpolitisches Terrain. Der Förderkreis Hochzeitsturm hat sich seit 1983 vor allem der Erhaltung, Renovierung und Wiederbelebung des Darmstädter Wahrzeichens verschrieben. 1989 erhielt der Förderkreis für seine vorbildliche Arbeit die Silberne Medaille der Konrad-Adenauer-Stiftung.

Das „Turmschreiber"-Stipendium wird alle zwei Jahre vergeben und erstreckt sich über den Zeitraum eines Jahres. Es beginnt jeweils an einem 1. Mai und ist mit 5000 Euro dotiert. Der „Turmschreiber" ist während der zwölf Monate frei von konkreten Arbeitsaufträgen; eine literarische Verarbeitung des Hochzeitsturmes – einer Jugendstil-Ikone Darmstadts aus der Feder des Meisterarchitekten Joseph Maria Olbrich, errichtet in den Jahren 1907/08 – ist jedoch erwünscht.

Zur Agenda der „Turmschreiber"-Aktivitäten zählen regelmäßige öffentliche Lesungen im Fürstenzimmer des Hochzeitsturmes. Den Abschluss des Stipendiums bildet die Herausgabe einer Buchpublikation in einer wachsenden „Turmschreiber"-Edition.

FÖRDERKREIS HOCHZEITSTURM E.V.

SONNENLICHT UND SICHTBETON

Joseph Maria Olbrichs Hochzeitsturm – ein epochales Bauwerk des frühen 20. Jahrhunderts mit Signalwirkung bis heute

1908 hält der Avantgarde-Architekt Adolf Loos seinen berühmt-berüchtigten Vortrag »Ornament und Verbrechen«, der durchaus polemisch mit dem damals in Deutschland höchst erfolgreichen Wiener Kollegen Joseph Maria Olbrich ins Gericht geht. Die in der Folge oft beschworene Opposition von Loos und Olbrich ist jedoch nur eine scheinbare, zumal vor dem Hintergrund der Bauten aus den letzten Lebensjahren Olbrichs, mit denen er neue Maßstäbe in ungeahnter Strenge gesetzt hat.

Als Adolf Loos in Olbrichs Todesjahr in seinem Vortrag die rhetorische Frage stellt »Wo werden die Arbeiten Olbrichs nach zehn Jahren sein?«, hat er dessen fundamentale Werkentwicklung seit seinen Wiener Jahren nicht im Entferntesten wahrgenommen: Loos kennt weder seine magistrale, 1908 fertig gestellte Stadtkrone auf der Mathildenhöhe Darmstadt, heute ein Meilenstein der Architekturgeschichte auf dem Weg zum Weltkulturerbe, noch sein zeitgleich entstandenes Arbeiterhaus, das Ernst May und manchem Architekten mehr den Weg in die Moderne wies.

Weit bedeutsamer als das Ornament ist für den Architekten und Gestalter Joseph Maria Olbrich das Material in seinem Reichtum und seinen zeitgenössischen Möglichkeiten. Nicht nur Olbrichs Architektur wandelt sich innerhalb eines Jahrzehnts massiv, auch der Einsatz seiner Materialien verändert sich auf signifikante Art und Weise – unter Beibehaltung einer Bedeutungs- und Wirkungsästhetik: Setzt Olbrich 1898 in Wien, darin noch ganz dem 19. Jahrhundert verpflichtet, auf Blattvergoldung für das krönende Lorbeerkugeldach der Wiener Secession, so arbeitet er 1908 in Darmstadt bei der Turmkrone des Hochzeitsturms mit schwarz-violett glasierten Verblendziegeln, die das auf den Stufengiebel strahlende Sonnenlicht goldglänzend reflektieren. Er bindet Goldglanz, seit alters her Symbol irdischer wie spiritueller Macht, nun immateriell mit seinen Sonnenkollektoren an die Turmkrone und realisiert damit sein Ziel einer im besten Sinn erhabenen Architektur mit modernen Methoden. Der Sockel des Hochzeitsturms ist massiv aus Beton gegossen. Das richtungweisende und wohl austarierte Gebäudeensemble, in dem die Vertikalität des Turmes der Horizontalität des breit lagernden Ausstellungsgebäudes mit Vorhalle und Eingangsportal antwortet, hat Olbrich 1906 als Ganzes in Eisenbeton geplant – und, materialgeschichtlich gesehen, noch weit kühnere Pläne verfolgt. Revolutionär für seine Zeit, will er das über zwei Meter hohe Sockelgeschoss aus scharriertem Beton im Inneren der Vorhalle – dem heutigen Foyer – sichtbar belassen und darüber hinaus unregelmäßige, ebenso mit dem Steinmeißel behandelte Betonplatten als Fußboden einsetzen. Beides ist, wie die Eisenbetonkonstruktion des Ausstellungsgebäudes, am Ende nicht realisiert worden.

Immerhin sind die schlanken, vor Ort gegossenen Betonpergolen rund um das Ausstellungsgebäude, ebenfalls eine technische Herausforderung und ihrer Zeit voraus, zur Ehrenrettung der materialen Modernität Olbrichs tatsächlich als Sichtbetonkonstruktion ausgeführt worden. Was zu Zeiten des historischen Wasserreservoirs wie ein natürlich bewachsener Hügel aussah, wird dem gestaltenden Architekten Olbrich zu einer modernen Re-Konstruktion von Natur durch einen künstlich angelegten Terrassengarten mit dem konstruktiven Natur-Trägerelement der Betonpergolen.

Ob die glasierten Verblendziegel der fünf Turmfinger, die sich im Abendsonnenlicht gleichsam immaterialisieren, der vielfach vor- und zurückspringende und damit belebte

Baukörper des Ziegelmauerwerks, die erstmals in der Architekturgeschichte über Eck laufenden Fensterbänder oder die mehrfach kubisch gestufte Sockelzone des Turms aus grob verputztem Beton – was immer man nennen mag: Olbrich experimentiert am Hochzeitsturm der Mathildenhöhe Darmstadt exemplarisch mit Licht, Farbe, Formen, Struktur und Oberflächen.

Joseph Maria Olbrich gehört in einer noch zu erstellenden Typologie der Gestalter und Architekten des 20. Jahrhunderts ohne Zweifel zu jenen, die konzeptionell anstatt stilistisch arbeiten und sich mit sehr unterschiedlichen Bauaufgaben hervorgetan haben. Er ist geradezu der Prototyp eines Architekten, der Stil überschreitende und nicht Stil gebundene Werke erschafft – und gerade deshalb für die Gegenwart des 21. Jahrhunderts neu zu entdecken, in der kreativer Umgang mit vorgegebenen Kontexten weit mehr zählt als die permanente Wiedererkennbarkeit einer künstlerischen Handschrift.

Dr. Ralf Beil, Direktor Institut Mathildenhöhe Darmstadt

Das Ohr

Er lief am Bach entlang. Er mied die Straßen. Er nutzte jede Möglichkeit, den gewohnten Wegen von der Schule nach Hause ein Schnippchen zu schlagen. Und er dachte bei dieser Redewendung sofort an seinen Lehrer. Der einzige Lehrer unter lauter Lehrerinnen in der Grundschule. Sein Lehrer würde sofort fragen: ein Schnippchen schlagen? Was für Schnippchen? Gibt es große und kleine Schnippchen, oder sind sie eher lang oder breit? Oder ganz anders, vielleicht fest oder hohl? Und warum schlagen? Ginge nicht auch streicheln, stechen oder prügeln? Ein Schnippchen prügeln? Jaja, dachte er an seinen Lehrer und stolperte am Bach entlang, dieser Lehrer war ein guter Lehrer. Der hatte am Anfang des Jahres versprochen, mehr Fragen zu stellen als Antworten zu geben. Und die Klasse? Fand das nicht besonders intelligent. Nicht sehr wissend. Nicht lohnend. Eher anstrengend. Niemand will einen anstrengenden Lehrer. Und so hatte die Klasse protestiert. Einspruch, Euer Ehren, hat René in die Klasse gerufen. René sieht gerne Gerichtsserien aus den Vereinigten Staaten. Mit Richtern, die alles rauskriegen, am Ende also alles wissen und dann auch noch alles entscheiden. Im Alleingang. So sollten Lehrer sein, fand René. Warum Einspruch?, hatte ihr Lehrer nur geantwortet. Warum nur ein Spruch? Warum nicht gleich zwei, drei, oder besser gleich fünf? Oder hast du nur einen Spruch drauf?, fragte er René offen ins kleine Gesicht. Da wurde der René stumm. Dann lachte er etwas herum. Und der Lehrer, der schon vier Fragen gestellt hatte, hatte noch gar nicht genug vom Fragen. Wär nicht Zuspruch besser für mich, oder ein Ausspruch? Oder was würdet ihr von einem Wegspruch halten? Der klingt doch auch ganz gut. Jaja, mein Lehrer, stolperte

Paul fast über eine Wurzel, im Gedankengang unterbrochen. Er schaute am Baum hoch. Und was ist denn das wieder für ein Gemüse?, würde der Herr Lehrer sofort fragen. Und die Klasse würde sagen, das ist gar kein Gemüse, Herr Walter. Ach ja, würde er antworten, aber es ist doch grün, wie alles Gemüse. Nein, Herr Walter, würde der schnelle René einwerfen, Blumenkohl ist nicht grün. Und die rote Paprika ist auch rot. Und nicht grün. Und der Lehrer Walter würde sich verdattert ans Kinn greifen, den Baum noch mal hoch und runter schauen, die Kinder wieder ansehen und dann sagen: Gut, dann ist es eben ein Salat.

Paul musste in sich hinein kichern, so verdammt gut war dieser Lehrer manchmal. Und so Sachen wie die mit dem Baum, die er sich nur ausgedacht hatte, passierten dauernd. Dass die ganze Familie aufs Land gezogen war, das war eigentlich nicht sein Ding. Die Stadt hatte ihm viel besser gefallen. Und die Freunde in der Stadt. Und die Läden und Kaufhäuser in der Stadt. Aber die ganze Familie, das heißt seine Eltern und die Geschwister, die wollten ins Grüne. Als ob in der Stadt nichts Grünes gewesen wäre. Immerhin, fand Paul, ohne diesen Umzug hätte er diesen Lehrer nicht erleben können. Nie vom ihm erfahren oder gewusst. Und das wäre, fand er, obwohl er noch nicht so eine extrem lange Strecke Leben überblicken konnte, eines der größten Versäumnisse seines Lebens gewesen.

Der Waldweg bog nach rechts ab, der Bach nach links. Also ging Paul geradeaus. Paul hatte eine sehr eigene Art der Richtungsentscheidung entwickelt. Seit er davon gehört hatte, dass der Mittelweg mitunter der beste sei, hatte er ihn richtig lieb gewonnen. Seine Eltern brachte er damit zwar regelmäßig aus der Fassung, aber das waren ja dieselben, die immer wieder mal drauf kamen, für den Mittelweg zu plädieren, weil er die Unwägbarkeiten der extremen Entscheidungen vermeiden helfe. Oder so ähnlich. Und weil der Lehrer Walter auch gerne immer ganz exakt auf die Worte hörte und die Worte wörtlich nahm, fing er eben auch damit an. Man hätte auch sagen können, Paul nahm die Worte ernst. Und spielte nicht nur mit ihnen rum. Jetzt ist es Zeit für den Apfel, sagte er sich, und als er gerade nach Ende dieses Gedankens zum zweiten Mal stolperte, nahm er das als Zeichen an, innerhalb der nächsten zwanzig Schritte eine Pause zu machen. Kaum war das ordentlich beschlossen, entdeckte er in einer Entfernung von vielleicht fünfzig Schritten eine kleine, beschaulich und gemütlich wirkende Lichtung. Also muss ich mich jetzt ganz schnell umbeschließen, stellte er fest. Er ging weiter, nahm aber den Schulranzen schon mal vom Rücken und schleifte ihn hinter sich her in Richtung Lichtung. Dort angekommen, ließ er den Ranzen im halbhohen Gras liegen und nahm Platz auf einem Baumstumpf.

Der Apfel. Richtig. Als er ihn aus seiner Brotdose kullern ließ, fiel sein Blick durchschnittlich interessiert auf eine kleine Fläche im schattigen Teil der Lichtung. Die war nur interessanter als der Rest, weil dort kaum Gras wuchs. Warum?, würde sein Lehrer sofort fragen. Wurde dort vielleicht das Einsäen vergessen? War der Gärtner nachlässig? Paul sah das fragende Gesicht seines Lehrers genau vor sich. Schob das Gesicht aber weg und fragte sich, ob er jetzt neugierig werden würde. Prompt sah er wieder das Gesicht von Lehrer Walter vor sich. Wegen der Neugierde. Vor zwei Wochen hatte Walter gebeichtet, dass er auch altgierig sei. Das hat die ganze Klasse extrem neugierig gemacht. Er sei gierig auch nach Sachen, erklärte er, die er schon gut kenne. Und das ginge bei ihm auch mit Menschen so. Zum Beispiel sei er altgierig auf seine Freundin, sagte er. Das war mutig, weil es prompt die ganze Klasse eine

Woche lang zu Bemerkungen und Fragen hinriss. Wie alt sie denn nun sei, die Freundin. Aber der Lehrer Walter nahm das gelassen. Immer die Gier auf Neues, sagte er, das sei ihm zu anstrengend. Er höre zum Beispiel Musik aus dem 17. Jahrhundert. Die sei weit vor der ersten Mondlandung komponiert worden.

Während Paul seinen Lehrer im Geiste hörte, nahm er wahr, dass er sich auf die grasfreie Fläche der Lichtung hin zubewegt hatte und dabei den Apfel kaute. Es geht alles gleichzeitig, staunte Paul über sich selbst. Er bückte sich, um etwas kleines Helles in der schiefergrau schimmernden Erde genauer anzusehen. Pilze nicht essen, nur anschauen, hörte er seine Mutter aus dem Hinterkopf. Pauls Rechte war mit dem Apfel beschäftigt, Pauls Linke zog an dem hellen Etwas und löste es ohne Schwierigkeit vom Boden ab. Es war kein Pilz. Es war ein Ohr. Ein menschliches Ohr.

Gerade noch hatte Paul gestaunt darüber, dass wenn nicht alles, so doch staunenswert vieles gleichzeitig gehe bei den Menschen, und nun hatte er gar nicht bemerkt, wie ihm der Apfel vor Schreck aus der rechten Hand gefallen war, während er sich das Ohr mit der linken Hand ziemlich nahe vor die Augen hielt. Ein Ohr! Nicht zu fassen. Paul hatte noch nie ein Ohr gefunden. René hatte mal einen Kopf gefunden im Wald, von einer Playmobil-Figur. Er gehörte zu der Packung mit Polizeiwagen, Verkehrspolizist und drei Verkehrsschildern. Und Martin hatte erst jüngst bei einem Sonntagsspaziergang zur Anhöhe mit dem Bismarck-Turm einen toten Katzenschädel gefunden. Der Lehrer Walter hatte natürlich sofort betont, dass ein Katzenschädel, wenn man ihn ganz ohne Katze fände, immer tot sein müsse. Deshalb wäre es nicht mehr nötig, das zu sagen. Aber egal. Martin zeigte ihn her, diesen erstaunlich kleinen Schädelknochen mit seinen riesengroßen Augenhöhlen. Und alle fragten sich, ob der einst einer Wildkatze gehörte. Denn eine Hauskatze wäre doch nicht so weit in den Wald gelaufen. Aber niemand niemand niemand, das weiß Paul sicher, hat je ein menschliches Ohr gefunden. Jedenfalls nicht in seiner Klasse.

Was macht man mit einem menschlichen Ohr, wenn man es auf einer Lichtung findet, beim Apfelessen? Während er das dachte, fiel Pauls Blick auf den auf der Erde liegenden Apfel. Er griff nach ihm, blies die trockene Krume ab, guckte kritisch auf das Stück, in das er gleich hineinbeißen wollte, war zufrieden und biss hinein. Es krachte wie in der Zahnpastawerbung. Was mach ich jetzt mit dem Ohr, sprach er mit vollem Mund, aber ohne schlechtes Gewissen dabei zu einem eingebildeten Gegenüber. Leider war der Lehrer Walter jetzt nicht hier. Ein echter Jammer. Paul kauerte auf dem kleinen Stück graslosen Bodens, in der Linken das Ohr, in der Rechten den Apfel. Ich muss aufpassen, dass ich nicht mal vom Ohr abbeiße, dachte er. Wenn der Lehrer nicht da ist, könnte man ja mal fragen, was er fragen würde. Er fragt ja immer irgendetwas. Also, richtete sich Paul auf, was könnte man fragen? Zum Beispiel: Ist das Ohr überhaupt echt? Keine schlechte Frage, stellte Paul fest. Er befühlte mit allen Fingerspitzen das Stück Knorpel und Haut in seiner Hand. Scheint echt zu sein. Im Grunde wie das von Mama, stellte Paul fest. An dem hatte er am letzten Sonntag im großen Bett herumgespielt. Weich, warm, lustig geformt. Aber es war da an Mama dran. Und heute Morgen war es auch noch dran, als sie kurz vor ihm aus dem Haus ging. Mamas Ohr kann es also nicht sein. Wenn es sich anfühlt wie ein echtes Ohr, riecht es dann auch so? Das würde der Lehrer fragen. Paul hielt sich sofort den Ohrenknorpel an die Nase. Schnüffelte ausgiebig. Kein Plastik, stellte er fest, keine Nachbildung, kein Ohr von der Schaufensterpuppe, nein, es riecht – und ganz

ganz langsam wurde ein Gefühl in Paul zu einer Unebenheit voller Unbehagen – es riecht nach Mensch. Und, um die Unebenheit flugs zu einem kleinen Hügel in seiner jungen Seele werden zu lassen: Das Ohr war warm.

Wie kann das sein, würde der Lehrer Walter fragen. Ein einzelnes menschliches Ohr, das kann nur kalt werden, wenn es im Boden steckt. Aber wenn der Boden warm ist? Richtig, dachte Paul, und nicht schlecht gedacht. Dann müsste man jetzt warten. Man müsste das Ohr auf einen schattigen Stein legen und nach einer halben Stunde prüfen und fühlen, ob es immer noch warm wäre. Paul fand einen großen hellgrauen Stein im Schatten. Er legte das Fundohr mitten drauf. Es sah jetzt aus wie der seltsame Schmuck auf einer seltsam großen flachen Torte. Eine halbe Stunde ist ganz schön lang. Zum Beispiel, wenn man zum Mittagessen zu Hause erwartet wird. Paul schlich zurück zu seinem Ranzen, griff in die Seitentasche, in der die alte Uhr von Opa steckte. Ein riesengroßes Ziffernblatt mit römischen Ziffern. Kurz vor halb eins, las er ab. Um eins stand das Essen auf dem Tisch. Und Papa bestand auf Pünktlichkeit. Schließlich wäre Opa mit dieser Uhr auch immer pünktlich gewesen. Das war natürlich ein Trick, erkannte Paul instinktiv, aber ein guter, fand er. Und was würde der Lehrer Walter jetzt wieder sagen? Es heißt instinktiv, lieber Paul, würde er sagen. Werfe mit den kleinen i nicht so um dich. Später gehen sie dir dann vielleicht aus, und du hast Probleme beim Sprechen. Dann musst du ogottogott sagen, weil igittigitt nicht mehr geht.

Bei diesem Gedanken sah Paul auf das einsame Ohr auf dem flachen Stein. Das arme, einsame Ohr. Passt jetzt eigentlich beides, dachte er. Ogottogott und Igittigitt. Ich nehme es mit, beschloss er einen Augenblick später. Ich kann das arme, einsame

Ohr nicht im großen wilden Wald auf einem flachen Stein liegen lassen. Es ist ja hilflos. Womöglich wird es gefressen. Ein Dachs könnte es fressen. Ein Marder würde es wegknabbern. Paul hörte in seinem Kopf schon ein paar eindeutige Kaugeräusche. Nein, das war nichts für ihn. Ich sag zuhause, dass ich ein Ohr gefunden habe, beschloss er. Mit Papa kann man so was machen. Und schon saß Paul am Tisch, obwohl er noch im Wald saß auf seinem Baumstumpf und das arme, einsame Ohr betrachtete.

Was, du hast ein Ohr gefunden?

Ja, Papa. Ein richtiges.

Zeig her. Das gibt`s ja gar nicht. Ich hab noch nie ein Ohr gefunden.

Es ist richtig weich und richtig warm. Als wenn es noch dran wäre.

Wie bitte?

Es ist ein Menschenohr, ganz klar.

Wie bitte?

Von einem Weißen. Hier leben ja auch nur Weiße, in dem Dorf hier. Ich weiß nur nicht, ob es ein Frauenohr ist oder ein Männerohr.

Was sagst du da?

Auf jeden Fall ist es ein rechtes. Ein rechtes Ohr. Wenn ich es mir so an die rechte Seite halte, dann passt es. Sieht in etwa so aus wie meins, nur größer.

Zeig mal her.

Hier.

Ogottogott. Weißt du was? Wir müssen die Polizei rufen.

Ja, genau. So würde es enden, dachte Paul und rieb sich den Haaransatz kräftig. Aber so darf es nicht enden. Dann kommt die Polizei, verhaftet das Ohr vom Fleck weg, verhört es und sperrt es solange ein, bis sich der Kopf zum Ohr meldet. Es gibt für ein Ohr nichts Schlimmeres, als endlos verhört zu werden. Das darf nicht geschehen.

Vielleicht sollte ich das Ohr gar nicht den Eltern zeigen. Gut wäre, mit der Eisenbahn zu Oma in die Stadt zu fahren. In die schöne Altbauwohnung mit den riesig hohen Decken, wo er, Paul, mehr als viermal übereinander hinein passte. Er müsste für diese Fahrt natürlich einen Vorwand finden. Und es ginge nur am Wochenende. Mit der Oma würde man sicher gut über das arme Ohr reden können. Und schon saß Paul auf dem Schoß von Oma.

Oma, guck mal hier. Hab ich gefunden.

Oha. Ein Ohr.

Ja. Ein echtes. Noch weich und warm.

Fühlt sich echt gut an. Wo hast du es denn gefunden, Paul?

Im Wald. Nicht weit weg vom Bach an einer Lichtung.

Und es lag da ganz alleine, das Ohr?

Es war fast ganz zugedeckt von der Erde. Als hätte es jemand versteckt.

Und es war nur ein Ohr? Seltsam.

Warum?

Weil das gar keinen Sinn hat. In Madagaskar werden Ohren im großen Stil angebaut.

In Madagaskar?

Ja sicher. Da gibt es Farmen, die sich auf Ohren spezialisiert haben.

Mach keine Sachen.

Ich mache keine Sachen, Paul. Ich war ja selbst mal dort.

Du warst in Madagaskar, Oma?

Ja sicher, vor 45 Jahren. Ist halt schon sehr lange her. Damals fing es gerade an mit den Ohrenplantagen. Die Idee kam von indischen Geschäftsleuten. Und es wurden große Felder markiert für die Züchtungen. Und zwar nach dem Anteil der Weltbevölkerung damals.

Was heißt das jetzt wieder?

Ja, Paul, man kann doch nicht weiße Ohren verkaufen auf dem Weltmarkt, wenn gerade schwarze oder gelbe gebraucht werden.

Stimmt, das versteh ich.

Oder würdest du, wenn dein Ohr mal kaputt geht bei einem Sturz mit dem Fahrrad zum Beispiel, ein schwarzes Ohr da an deiner Seite haben wollen?

Nee, eigentlich nicht.

Na siehst du. Deshalb gab es auch in Madagaskar die Plantagen für weiße, für schwarze und für gelbe Ohren. Und ein ganz kleines Feld mit roten Ohren.

Warum so wenig?

Wegen des sehr kleinen Anteils von Rothäuten an der Weltbevölkerung, Paul. Das sind vielleicht heute nur noch zwei Prozent. Oder so. Aber die Inder wollten natürlich alle Sorten Ohren auf Lager haben. Deshalb wurden auch rote gezüchtet.

Und wer braucht die alle?

Die Ohren? Ja, alle natürlich. Die ganze Welt. Ohren können immer mal kaputt gehen. Gequetscht werden. Verbrennen. Weggeschossen werden. Denk an die Kriege, Paul. Und dann rufen die Krankenhäuser in Madagaskar an und bestellen einen Satz Ohren.

Das stimmt alles nicht, oder?

Doch, Paul, selbstverständlich. Ich schwöre. Ich war doch selbst dort.

Gibt es eigentlich männliche und weibliche Ohren, Oma?

Nein, Paul, ich glaub nicht. Damals gab es in den Bestellkatalogen nur kleinere und größere Ohren. Wie sie halt so wachsen. Da ist jedes ein bisschen anders. So wie sich die Erbsen oder die Bohnen auch nie alle gleichen. Und natürlich gab es Ohren für Kinder und für Erwachsene.

Und das hier? Das ist doch ein Erwachsenenohr, oder?

Das hier? Ja, ganz klar. Ein weißes Erwachsenenohr. Ein rechtes.

Und was mach ich jetzt damit?

Paul, ich glaube, ich würde jetzt mal anfangen, nach der Nase zu suchen. Ganz in der Gegend, wo du das Ohr entdeckt hast.

Jaja, so würde das Gespräch mit Oma laufen. Wahrscheinlich würde es über Tage so laufen. Aber er, der Paul aus der Klasse 2a, er brauchte doch etwas anderes. Es war sieben Minuten vor eins. Paul schaute auf die große Taschenuhr von Opa. Er ging hinüber zum Ohr auf dem Stein. Er hatte etwas Scheu, es anzufassen. Jetzt, wo es abgekühlt war. Aber er gab sich einen Ruck. Er fasste hin. Jedoch das Ohr, es war nicht kalt. Es war wie vorhin, es war weich und warm. Wie frisch abgeschnitten.

Das Brot hatte Paul in der ersten großen Pause gegessen, den Apfel im Wald, nun war also Platz für ein Ohr in seiner Frühstücksdose. Paul war inzwischen wild entschlossen, das Ohr mit nach Hause zu nehmen.

Und er war ebenso entschlossen, es niemandem zu zeigen. In der kleinen blauen Kunststoffdose, fand er, war das Ohr gut geschützt zu transportieren. Es könnte sich sogar dort, begann er zu hoffen, nach einiger Zeit etwas heimisch fühlen. Auf jeden Fall war es weniger gefährlich für das Ohr als allein im Wald zu bleiben.

Den ganzen Tag war Paul darum bemüht, sich nichts anmerken zu lassen. Er fand sich selbst sogar viel zu brav, fast schon verdächtig brav. Aber naja. Hauptsache, niemand bemerkte etwas. Tief in der Nacht erwachte er und absolut im selben Augenblick dachte er an die blaue Dose. Das Schatzkästlein. Er stand aus dem Bett auf, öffnete die Dose im Dunkeln und holte das Ohr besonders sanft hervor. Mit ihm auf der flachen Hand schlich er zurück zum Bett. Dort machte er es sich mit dem Ohr gemütlich. Paul machte es sich sehr gerne gemütlich. Warum nicht auch zusammen mit einem Ohr. Das schöne warme Bett, das war doch wohl jetzt endgültig was Besseres für das Ohr als der kahle Erdboden im Wald, dachte Paul. Er streichelte es. Und tatsächlich, es war immer noch weich und warm. Klar, dachte Paul, es war ja ein lebendiges Ohr. Und dann, nach Minuten zarten Streichelns aller Knörpelchen, aller Windungen und Kurven des Ohres, kam ihm in den Sinn, mit ihm zu sprechen. Und weil der Gedanke ihm, wie er fand, reichlich spät kam, gab er sich einen laut vernehmlichen Klaps gegen die Stirn. Das ist doch ein Ohr, ermahnte er sich im Stile des Lehrers Walter, mit dem kann man doch sprechen! Und er sprach mit ihm. Er hob es sanft in Höhe seines kleinen Mundes und sagte, natürlich nicht zu laut: Hallo Ohr. Es ist sehr schön, dass du bei mir bist. Wie geht es dir? Damit waren Pauls Gesprächsideen zunächst einmal erschöpft. Es war schließlich mitten in der Nacht. Aber was sollte er dem Ohr erzählen? Er wusste ja gar nichts von dem Ohr. Wo es herkam oder welche Geschichten es am liebsten hatte. Und, nicht zuletzt, welche Sprache es verstand. Vielleicht war es ein Ohr, das nur portugiesisch verstand. Oder mecklenburgvorpommerisch. Von diesem Land hatte Paul erst vergangene Woche gehört. Weil der Bindestrichname so schwierig war, hatte er ihn sich sofort gemerkt. Vielleicht erzähle ich dem Ohr ein kleines Märchen, dachte Paul. Seine Eltern lasen ihm fast jeden Abend eine kleine Geschichte vor. Wenn seine Ohren das mochten, würde sich vielleicht auch das arme, einsame Ohr darüber freuen. Obwohl, kam ihm sofort wieder etwas in den Sinn, es ja ein Erwachsenenohr war. Eieiei, dann musste er ja auch – es fuhr ihm heiß durch den Kopf – ziemlich erwachsen mit ihm sprechen. Einem erwachsenen Ohr darf man nicht mit Kinderkram kommen. Paul blies die Backen auf und ließ die Luft dann wieder entweichen, ziemlich geräuschvoll. Es war alles nicht leicht, stellte er fest. Er schaute in der gar nicht so dunklen Kinderzimmernacht lange auf das warme, weiche Ohr auf seiner flachen Hand. Schade, dachte Paul, die Rückkehr der Müdigkeit spürend, das Ohr wird mir niemals antworten. Es hat keinen Mund.

Dieser Tag, das spürte Paul am nächsten Morgen ganz fest in sich, würde über das Schicksal seines Fundohres entscheiden. Und er musste gleich ganz viel aufpassen. Seine Mutter kam herein und fragte nach der Frühstücksdose. Um sie zum Spülen wegzubringen. Als sie schon auf dem Weg zum Schulranzen war, fiel ihm gerade noch rechtzeitig ein zu sagen, die hab ich schon rausgetan, die ist schon in der Küche. Bravo, Paul, sagte sie noch anerkennend. Wenn sie die Brotdose gefunden hätte und das Ohr dazu, wäre sie wahrscheinlich mit voller Wucht gegen den Türrahmen gelaufen, sah Paul die Szene vor sich. Er nahm das Ohr aus der Dose und steckte es in die Außentasche seines Anoraks. Die hatte immerhin einen Reißverschluss. Dann ging er mit der blauen Brotdose in die Küche zu Mama und rief ihr laut zu: Guck mal! Reingelegt!

Der Lehrer Walter ist meine Rettung, sagte sich Paul nach der zweiten Schulstunde. Mein letzter Ausweg. Als alle anderen Schüler zum Pausenhof stürmten, stellte er sich dem Lehrer kurz in den Weg und macht ein hochernstes Gesicht. Der Lehrer Walter war sofort beeindruckt. Du siehst aus, als wenn du plötzlich doppelt so alt wärst, sagte er zu Paul. Aber dann wärst du ja schon, zählte er mit den Fingern kurz durch, in der achten Klasse, Paul. Sag mal, was ist los? Ich hab was gefunden, sagte Paul, griff in die Anoraktasche und präsentierte das Ohr. Der Lehrer Walter blickte lange hin, sagte aber noch länger gar nichts. Paul hatte ziemlich Geduld, wie er fand, aber dann fragte er irgendwann doch: Was soll ich denn damit machen? Wo hast du denn so ein schönes Ohr gefunden, fragte der Lehrer leise. Paul meinte fast etwas Anerkennung in Walters Stimme zu hören. Im Wald, auf einer Lichtung, antwortete er, gestern. Und da lag es einfach so rum? Nein, es war fast vergraben. Fast ganz verdeckt. Ich hab`s gesehen und dann instinktiv mitgenommen. Soso, sagte der Lehrer Walter und ging, ein klitzekleines Lächeln in den Mundwinkeln, in die Hocke, so dass sie sich besser, nämlich Auge in Auge, gegenüber waren. Dann legte er Paul beide Hände auf die Schultern und sagte mit fester Stimme: Nach der Schule gehen wir in den Wald zu der Stelle, wo du das Ohr gefunden hast, in Ordnung?

Paul fand die Stelle ohne Schwierigkeiten wieder. Erst den Bach entlang, dann den Mittelweg durchs Dickicht auf die Lichtung zu. Es war alles wie am Tag zuvor. Sogar das Wetter. Nur waren sie jetzt zu zweit unterwegs. Der Lehrer Walter hatte es gar nicht eilig. Was immer das zu bedeuten hatte. Und dann ging ich da lang, erzählte Paul, und zeigte zu der Stelle mit der Erde, auf der nichts zu wachsen schien. Und wo war das Ohr? Paul bückte sich, ging dann auf die Knie und streckte den 52|53 rechten Zeigefinger in die kleine Mulde, aus der er gestern das Ohr gefischt hatte. Da war es drin gewesen, sagte Paul. Der Lehrer ging zwei Schritte zurück, knickte ein und setzte sich im Schneidersitz aufs Gras daneben. Und er nahm sein Gesicht in beide Hände, während seine Augen in den Höhlen rollten und alles rund um den Fundort aufmerksam musterten. Was machen sie jetzt?, fragte Paul eine Minute später, eher unsicher als ungeduldig. Ich denke nach, Paul, sagte der Lehrer. Paul konnte keine vier Sekunden länger warten. Muss ich das Ohr zurückgeben?, fragte er.

Der Lehrer antwortete nicht. Er war immer noch mit Nachdenken beschäftigt. So viel und still nachdenken hab ich ihn noch nie gesehen, dachte Paul. Also für mich ist der Fall klar, sagte der Lehrer plötzlich. Fällt dir was auf an diesem Ort, Paul? Paul sah auf den Fundort. Da wächst nichts, sagte er. Falsch, sagte der Lehrer. Da wächst noch nichts. Weißt du, das Ohren mitunter die unglaublichsten Fähigkeiten haben, Paul? Paul nickte. Was sollte er sonst tun. Manche Ohren, fuhr der Lehrer Walter fort, können das Gras wachsen hören. Das sind sehr besondere Ohren, sehr selbst-bewußte und sehr feinsinnige Ohren. Paul schluckte. Er wusste schon, dass er ein besonderes Ohr gefunden hatte, aber dass es ein solch seltenes und außergewöhnliches Ohr war, hätte er wirklich nicht für möglich gehalten. Eine Stelle wie diese, deutete Lehrer Walter auf die Erde, ist für solche außergewöhnlich begabten Ohren eine typische Stelle im Wald. Da gibt es was zu horchen. Weißt du, was wir jetzt tun? Paul ahnte so was. Gab aber keine Antwort. Der Lehrer sprach weiter. Wir werden das Ohr ganz genau dahin zurücklegen, wo du es gefunden hast, Paul. Leg es mal genau so hin, wie es in der Erde war, bevor du es aus dem Boden gezogen hast. Paul wurde von einer großen Welle der Traurigkeit heimgesucht. Aber muss ich das denn machen? Das ist doch jetzt mein Ohr, bestand Paul auf dem Recht des Finders. Nein, Paul, das ist nicht dein Ohr. Du hast doch deine Ohren. Und zwei sehr schöne dazu. Aber dieses feine Ohr da in deiner Hand, das lebt ganz für sich, weißt du, es kann wunderbar alleine leben. Das ist ein Ohr, das Gras wachsen hört. So etwas gibt es nur ganz ganz selten. Und du hast es gefunden, Paul. Das ist toll. Aber wer so etwas Kostbares findet, der darf es nicht behalten. Verabschiede dich jetzt ganz freundlich von ihm. Paul war so enttäuscht wie der Lehrer Walter entschlossen. Paul flüsterte etwas in die Ohrmuschel, was niemand hören durfte, dann legte er das Ohr in die Erdmulde zurück, deckte es mit frischer Krume zu bis es fast wieder so dalag, wie er es gestern gefunden hatte.

Haben Sie gedacht, dass ich so vernünftig bin?, fragte Paul beim Rückweg durch den Wald und am Bach entlang. Paul hatte sich vorgenommen, tapfer zu sein. Oder zumindest so zu wirken. Der Lehrer packte Paul, knuffte ihn, lobte ihn. So hatte Paul den Lehrer noch nie erlebt. Sofort bildete er sich etwas darauf ein, ihn so weit gebracht zu haben. Natürlich, sagte der Lehrer Walter, als sie aus dem Schatten heraus in die Sonne spazierten und der Tag plötzlich ganz großartig zu werden versprach, natürlich habe ich gewusst, Paul, dass du so vernünftig sein wirst. Gar kein Zweifel. Und wenn du es nicht gewesen wärst, oder nicht gleich, pausierte er kurz, dann hätte ich auch nicht sofort die Flinte ins Korn geworfen, weißt du. Paul fühlte sich ganz leicht plötzlich. Und groß. Wie erwachsen. Die Flinte?, fragte er, warum denn nicht den Revolver oder die Steinschleuder? Und warum ins Korn, warum nicht auf den Misthaufen? Kluger Junge, befand der Lehrer Walter, ganz breit lächelnd.

Was ist Schönheit?

Was ist Schönheit? Ich habe mich angesichts dieser so leichten, filigran schwebenden, eigentlich in sich längst beantworteten Frage – weil: Das weiß doch jeder! – über einschlägige wie ausschlägige Lexika hergemacht. Gelesen, geblättert, gelesen. Viele kluge Sachen. Ein Satz blieb bei mir hängen, ein kurzer. Bei mir bleiben nur kurze Sätze hängen. Schönheit, stand da, liege im Auge des Betrachters. Ich hatte diesen Satz schon mal so gehört. Oder so ähnlich.

Um ihm wissenschaftlich auf den Grund zu gehen, habe ich mir das Auge eines Betrachters einmal vorgenommen. Mit Erlaubnis seines Besitzers habe ich mir das rechte seiner beiden besorgt, habe in es hineingeschaut, habe es von unten, oben, rechts und links untersucht, es schließlich schockgefroren und labortechnisch sauber in hundert Gewebeprobenschnitte unterteilt und jeden einzelnen davon beidseitig mit dem Mikroskop durchgearbeitet. Nach vielen Stunden harter Arbeit stand das Ergebnis fest: nichts. Ich habe nichts entdecken können. Keine Spuren, keine Hinweise auf irgendwas wie Schönheit.

Mein Bekannter trägt seit elf Tagen eine Augenklappe.

Damit könnte diese irgendwie traurig wirkende Geschichte einer vergeblichen Suche beendet sein. Aber nein, sie geht weiter. Mein Bekannter rief mich vor drei Tagen an, er hätte eine neue Freundin. Mit so einer Augenklappe sehe er so verdammt süß aus, habe sie gesagt. Schön, schick und schnuckelig. Sie nenne ihn nur noch „mein Kläppchen". Mit den beiden scheint es also zu klappen.

Jetzt hat mein Bekannter kein rechtes Auge mehr, dafür aber eine sehr verliebte Freundin. Ein Tor hat sich für ihn geöffnet. Was ich dazu sage? Die Welt ist doch gerecht. Wenn auch vollkommen unberechenbar.

Wie ich das finde? Schön.

Jahrgang 1917

Carlo Grandi und Giuseppe Grossi wandern im Jahre 1995 am Ostufer des Lago Maggiore entlang. Sie waren beide Soldaten im Zweiten Weltkrieg, sind beide 78 Jahre alt, sind beide ähnlich klein geschrumpelt und stützen sich beim Gehen gerne auf einen Stock wegen ihrer lädierten Hüften. Wer sie aus der Ferne sieht, wird sie wie Gänsefüßchen empfinden: immer nebeneinander, immer zusammen, komme, was da wolle. Untrennbar. Auch an diesem Abend können sie im Grunde nicht auseinandergehen. Wie so oft. Carlo wohnt in Verona und kommt regelmäßig seinen alten Freund Giuseppe in Porto Valtravaglia am Lago besuchen, bestimmt zehn Mal im Jahr, mit Ausnahme der Monate, wenn Eis und Schnee drohen. Heute droht keiner von beiden. Es ist früher September, die Nacht ist angebrochen, aber noch warm durchglüht. Nach dem über Stunden zelebrierten Abendessen in der alten Cantina an der Uferstraße begleitet Giuseppe seinen Freund Carlo zu der kleinen Pension, in der dieser seit Jahrzehnten sein Zimmerchen bezieht, der Antica Posta in der oberen Altstadt. Giuseppe wohnt nur dreihundert Meter weiter in der unteren Altstadt, aber sehr karg, sehr beengt und vor allem ohne Gästebett. Die beiden kennen ihre Wege in Porto Valtravaglia ebenso gut und detailliert wie ihre Hüftleiden, denen sie zum einen mit unerschütterlichem Gleichmut und zum anderen mit der Medizin eines schönen trockenen Roten begegnen.

Carlo war früher in Mussolinis Artillerie, Giuseppe hat wesentliche Teile des Krieges unter Wasser geführt, als zweiter Wachoffizier in einem U-Boot der italienischen Marine. Ihre Geschichte und ihre Geschichten sind seit fünfzig Jahren jedem erzählt worden, der ein offenes Ohr für sie hatte. Aber auf solche Ohren stießen sie in der letzten Zeit auffällig seltener. Im Grunde jedoch lässt sie das unbeeindruckt, und so erzählen sie sich ihre Geschichten jetzt umso häufiger gegenseitig. Unter anderem, um einiges zu überprüfen. Zum Beispiel, ob sie nach den ersten Worten sofort wissen, dass sie diese Geschichte bereits kennen; oder ob sie am Anfang oder in der Mitte noch wissen, wie die Geschichte ausgehen wird; oder um zu überprüfen, ob der jeweilig andere die Geschichte inzwischen etwas anders erzählt als vor zwanzig oder dreißig Jahren. Zu allermeist nimmt das entspannte und lustige Züge an. Nicht verwundern kann dabei die Tatsache, dass es den beiden außerordentlich selten geschieht, dass sie voneinander ganz neue Dinge hören. Aber heute ist so ein Tag.

„Sag mal, Guiseppe, jetzt sehe ich den heute schon zum vierten Mal", sagt Carlo aus Verona und deutet mit seinem Gehstock auf ein kleines Porträtfoto. Es ist an einen Platanenstamm der kleinen Uferpromenade von Porto Valtravaglia angeheftet und zeigt einen Mann von vielleicht dreißig Jahren mit ausdrucksvollem, kantigem Gesicht und einer Uniformmütze auf dem Kopf.

„Ja", bleibt Guiseppe stehen, „der genießt hier inzwischen Ansehen. Der hat so eine Art Kultstatus, der Knabe. Aber es ist ein altes Foto, weißt du. Der ist heute vielleicht so alt wie wir. Das ist ein Deutscher."

„Ach. Und warum ist der Deutsche so wichtig?"

„Weil er immer noch aktiv ist. Ich würde sagen: ein echter Haudegen."

„Immer noch aktiv, aha. Und was macht er?"

„Ist Kapitän. Kapitänleutnant, besser: Kaleu der Alessandro Pavolini."

Bei Erwähnung dieses Namens bleibt der Stock von Carlo in einer Pflasterfuge stecken. Absichtlich. Carlo bleibt stehen. Er kennt den Namen.

„Pavolini ... Pavolini ...", murmelt er.

„Ja, das sind die Schubladen ganz unten, guter Junge, die du da aufziehen musst."

„Den Eindruck muss man gewinnen", murmelt Carlo.

„Ist das vielleicht eine Schublade, auf der 1945 drauf steht?"

„Alessandro Pavolini. Ich hab`s. Faschist der ersten Stunde, großer Freund und Bewunderer von Benito."

„Sehr gut. Und? Kommt noch mehr?"

„Wurde mit seinem großen Benito zusammen von Partisanen erschossen. April 1945."

„Sehr gut. Stimmt. Und? Noch was?"

„Erster Minister im Kabinett der Republik von Salò."

„Und wie hieß der neue Staat? Der zweite Staat des Duce?"

„Machst du ein Quiz?"

„Wir sind schon mittendrin. Der neue Staat hatte sogar einen Kürzel. Wie war der?"

„Das ist einfach. RSI."

„Repubblica Soziale Italiana. So ist es. Du hast noch nicht genug Rotwein getrunken."

„Ja es funktioniert noch alles. Genau wie bei dir."

„Sag sowas nicht. Alles leider nicht. Bei mir nicht."

„Gut, dann ziehe ich das unauffällig zurück. Wollen wir weitergehen?"

Sie ziehen weiter, nehmen den Treppenweg in die obere Altstadt, bis Carlo am nächsten Schwarzweißporträt des Deutschen vorbeikommt. Diesmal ist es an einem hölzernen Kabelmast angebracht.

„Und was hat die RSI mit diesem Deutschen zu tun?", sticht Carlos Stock schon wieder zu, waagerecht durch die Abendluft, in Richtung des ausdrucksstarken Gesichtes.

„Er kam hier in der letzten Zeit eben häufig vorbei, nehme ich an. Man weiß aber nix. Man weiß noch nicht mal, ob er selbst die Fotos anbringt oder ob es seine Sympathisanten sind."

„Was heißt, er kommt vorbei? Was macht der Mann eigentlich?"

„U-Boot-Fahrer. Kapitänleutnant."

„Das weiß ich schon. Aber wie kommt er vorbei?"

„Mit dem U-Boot."

Jetzt verharrt Carlo erneut, sieht Guiseppe entgeistert in die Augen und sagt dann leise und bestimmt:

„Weißt du, wovon ich überzeugt bin?"

„Nein."

„Du hast zu viel von dem Roten abbekommen. Ein klitzekleines Gläschen zu viel."

„Nein, Carlo, es stimmt. Er kommt mit dem U-Boot vorbei. Mit der Alessandro Pavolini, einem der drei militärischen Sondergeschenke von Adolf an seinen Freund Benito im Juni 1944."

„Woher weißt du das?"

„Von meiner Schwester. Wo die es her hat, weiß ich nicht."

„Deine Schwester ist über achtzig!"

„Aber sie weiß alles. Drei deutsche U-Boote des damals brandneuen Typs XXI stiftete der Führer dem neuen Staat. Direkt von der Werft, Carlo. Die kamen von Blohm & Voss aus Hamburg. Ehrlich! Die Aktion lief unter absoluter Geheimhaltung."

„Guiseppe, das ist die dümmste kleine Geschichte, die seit zweitausend Jahren erfunden wurde."

„Sag so was nicht."

„Guiseppe! Drei U-Boote kommen über die Alpen! Ist ja außerordentlich geheim, diese Angelegenheit. Geradezu unsichtbar. Wahrscheinlich wurden die Schiffe sogar von Hundertschaften überzeugter Schwarzhemden über die Grenze getragen, herein nach Duce-Italien, selbstverständlich unter dem Jubel der Bevölkerung, die sie überall mit Blumen begrüßten. Und die Kinder kamen noch aus den letzten Bergdörfern herbei und riefen Hurra! Hurra! Sie bringen uns wieder ein U-Boot herbei!"

„Segmentbauweise, Carlo, Segmentbauweise! Die Boote wurden alle erst in Italien zusammengefügt. Stück für Stück. Eine außerordentlich moderne Idee. Geradezu genial, findest du nicht?"

„Genial? Wer sagt das?"

„Meine Schwester."

„Deine Schwester!"

„Ja!"

„Eine Frage, Guiseppe."

„Ja?"

„Kriegt deine Schwester wenigstens Medikamente?"

„Nee, bekommt sie nicht. Sie ist ja gesund. Und zudem weiß sie alles. Woher auch immer. Und auch noch sehr genau. Die Benito Mussolini wurde in den Gardasee gesetzt, weil dort ja der Regierungssitz des neuen Staates war. Einleuchtend. Die Antonio Feltrinelli kam in den Comer See. Was nicht so richtig passte."

„Warum das denn?", schnauft Carlo die Treppen hoch, „war der See zu klein?"

„Nein, Carlo. Weil der Industrielle Feltrinelli ein Förderer Mussolinis war, weil er an ihn geglaubt hat, auch nach seiner Absetzung durch den König, und weil er seine Villa schon Ende 1943 großzügig dem Duce als Wohnsitz überließ. Aber die Villa stand ja in Gargnano, ganz in der Nähe von Salò, also am Gardasee. Das Boot, die Feltrinelli, wurde also, wenn man so will, in den falschen See getaucht. Ein Schönheitsfehler. Aber man wollte sich eben mit der Namensgebung erkenntlich zeigen und Dankeschön sagen. Deshalb."

„Was deine Schwester alles weiß."

„Nicht wahr? Und das dritte Boot, die Alessandro Pavolini, wurde dann im August 1944 in den Lago Maggiore geschickt. So einfach ist das. Damit war die Unterseebootflotte für die neue Republik von Salò in Dienst gestellt und konnte sofort auf Ff gehen."

„Ff? Was heißt das wieder?"

Guiseppe hatte, von der Geschichte davongetragen, wieder einmal vergessen, dass Carlo ja Artillerist war und keine Ahnung von Marine hatte.

„Ff heißt Feindfahrt."

Kaum spricht Guiseppe die letzte Silber aus, sind sie vor dem Eingang der Pension Antica Posta angekommen, laternenumleuchtet. Fliegen umsurren die goldgelb leuchtende Birne.

„Da sind wir", sagt Carlo.

„Gehst du gleich ins Bett?", sieht Guiseppe Carlo traurig an.

„Nee, kann jetzt nicht schlafen. Das hat jetzt keinen Sinn. Nach deinen seltsamen

U-Boot-Geschichten erst recht nicht. Weißt du was? Ich begleite dich nach Hause ins Unterdorf. Dann kannst du mir noch weiter erzählen. In Ordnung?"

Guiseppe strahlt übers ganze Gesicht, so sehr, dass seine Augen davon fast zugedrückt werden. „Angenommen."

Und dann ziehen die Gänsefüßchen wieder los, langsam, jede Treppenstufe mit Bedacht und Sorgfalt bewältigend. Sie kommen auch wieder am Kabelmast mit dem Porträt des Kapitänleutnants vorbei. Carlo will jetzt nicht mehr länger warten.

„Wie heißt der denn?", fragt Carlo, und sein Stockende kitzelt den Deutschen mit der Mütze am Kinn, „weiß das deine Schwester auch?"

„Ja, sie weiß es. Aber inzwischen weiß es fast jeder. So was spricht sich rum. Der Haudegen heißt Siegfried von Mackensen."

„Gab`s da nicht auch mal `n deutschen General mit dem Namen?"

„Kann sein. Aber auf jeden Fall: Unser Siegfried hier, unser Kaleu vom Lago Maggiore, der ist Jahrgang 1917."

Abrupt bleibt Carlo stehen, blickt seinen Freund an, reckt das Kinn und hebt die Faust: „Unser Jahrgang!"

„Richtig. Ein toller Haufen."

„Ein Siebzehner. Das ist doch nicht zu fassen!"

„Aber es ist so."

„Und er kommt wirklich mit dem Boot vorbei? Also – das Boot kommt aus dem See? Und niemand sieht es?"

Guiseppe macht ein geheimnisvolles Gesicht.

„Mackensen lässt offenbar nur nachts auftauchen. Das Gerücht sagt, die

Alessandro Pavolini tauche um drei Uhr auf, völlig unberechenbar, jeweils an verschiedenen Ufern des Sees, und verabschiede sich ab vier wieder in die Tiefe. Manchmal auch erst im Morgengrauen."

Carlo schüttelt beim Gehen dauernd den Kopf. Bis ihm schwindlig wird und er sich an einer Hauswand abstützen muss.

„Ich will noch nicht nach Hause", sagt Guiseppe, „lass uns zum Schiffsanleger rüber gehen. Da gibt`s Bänke. Mit Blick auf den See."

So wanken und wackeln die Gänsefüßchen durch die nächtlich leergefegten Gässchen dem Ufer zu. Die Stöcke klappern synchron. Carlo und Guiseppe queren die Uferstraße blind. Kein Auto stört ihren Weg. Am Ufer ächzen sie der nächstbesten Bank zu.

„Ein Rotweinchen wär jetzt nicht schlecht", beginnt Carlo.

„Oder zwei", erwidert Guiseppe.

„Klar. Für jeden einen."

„Aber die Cantina hat zu."

„Blöd."

„Ja."

„Schließt viel zu früh."

„Ja."

Dann folgen vier Minuten des gemeinsamen Horchens auf den See.

„Wir haben halb drei", erinnert Carlo an die Uhrzeit. „Vielleicht sehen wir gleich ein dickes Ding aus dem Wasser kommen."

„Das wäre sehr sehr schön. Weißt du, das Boot, der Typ XXI, ist eine tolle Maschine", zieht Guiseppe die Mundwinkel anerkennend nach unten. „Ein Zweihüllen-Hochseeboot, 77 Meter lang, acht Meter breit, 4000 PS die Diesel, 5000 PS die Elektromaschinen. Deutsche Wertarbeit. 57 Mann Besatzung. In achtzehn Sekunden getaucht. Rekord damals. 17,5 Knoten schnell. Ebenfalls Rekord. Das schnellste U-Boot seiner Zeit. Und eigentlich auch das schönste. Mit Sonar, mit Radar und Teleskopschnorchel. Mit Lufterneuerungsanlage und Klimaanlage. Konnte Monate unter Wasser bleiben. Kann, um es genauer zu sagen."

Carlo starrt seinen Freund von der Seite an.

Guiseppe guckt zurück: „Hab mich kundig gemacht."

„Aha."

„Ehrlich gesagt, ich würde gerne mal eine Runde mitfahren."

„Tauchen? Mit der alten Mannschaft?"

„Die sind so jung wie wir."

„Du hast Recht. Und wie viele sind noch am Leben von der alten Mannschaft?"

„Woher soll ich das wissen? Das weiß niemand. Aber so ein tolles Boot kann man auch mit zwanzig Mann Besatzung fahren. Keine Frage. Den Torpedooffizier brauchen sie zum Beispiel schon lange nicht mehr. Und der Funker kann auch wegsterben. Macht nix."

„Nana!"

„Aber so isses doch. Funksprüche zum FdUI sind heute sinnlos."

„Zum was?"

„Führer der U-Boote Italien. Oder zum Löwen."

„Löwen?"

„Spitzname von Dönitz. Admiral Dönitz. Oberkommando der Kriegsmarine."

„Erinnere mich."

„Sehr gut. Und ohne die Kombüsentruppe muss Mackensen vielleicht auch auskommen."

„Ohne Koch? Warum?"

„Weil er nur auftaucht, wenn er Hunger hat."

„Was?"

„Es ist einfach so: Eine unendliche Kette von Überfällen auf Supermärkte rund um den See, sogar in der Schweiz, kann nicht aufgeklärt werden."

„Und das heißt?"

„Ich weiß nicht, was es heißt. Es gibt nur Spekulationen. Oder Augenzeugen. Aber nicht so sehr glaubwürdige. Wie die angesäuselten Penner am Landesteg von Verbania."

„Für mich gibt es diese Stadt nicht. Die eine heißt Intra, die andere Pallanza. Dieses seltsame Konstrukt namens Verbania kenne ich nicht."

„Das nennt man Gebietsreform, Carlo. Egal, die Penner dort haben etwas gesehen. Ein U-Boot. So gaben sie es zu Protokoll. Aber die Presse hält das alles irgendwie unter Sparflamme, die will das nicht rauslassen."

„Und was war nun?"

„Gerüchte besagen, die besäuselten Penner hätten von fünf Mann berichtet, die dem U-Boot entstiegen seien."

„Ja. Und weiter?"

„Ich denke mir das so: Da waren wohl Macksensen und Mitglieder der Mannschaft aus dem Turm gestiegen, in einem Beiboot an Land gerudert, um dann den erstbesten Supermarkt zu überfallen und mit mehreren Kartons voller Brot, Butter, Mozzarella und Edamer, mit gekochtem Schinken und Cabanossi, Orangensaft, Tiefkühlgemüse und Alaska-Seelachsfilet, Bier und vor allem Weiß- und Roséwein aus dem Piemont wieder abzuzischen. Den Pennern stand nur der Mund offen. Vor allem wegen dem vielen Wein. Aber glauben tut ihnen eben niemand. Oder eben nur die, die zu den Sympathisanten gehören."

Carlo haut sich mit der rechten Faust aufs Knie.

„Dieser Mackensen!"

„Jahrgang 17!"

„Ein Prachtbursche."

„Ein Siebzehner!"

„Großartige Kerle."

„Meine Teufel."

„Wahnsinn."

„Grandios."

„Und irgendwie sind danach, nach den Überfällen, immer diese Porträts zu sehen. Auf Bäumen. Auf Parkbänken. Manchmal in Telefonzellen."

„War Mackensen auch schon mal in Valtravaglia?", beugt sich Carlo zu Guiseppe hinüber.

„Klar", dreht sich Guiseppe und deutet mit dem Stock die Richtung, „im April. Der Supermarkt da hinten, in der Via Maggio. Die gesamte Obstabteilung abgeräumt. Am nächsten Morgen war nur noch 'ne angefaulte Ananas übrig. Und Zahnpasta fehlte und Rasierwasser und Streichhölzer und Kerzen und ein Batterieladegerät bei dem Fernsehfritzen in der Viale Varese."

„Nicht zu fassen."

Die Nacht ist absolut still. Alle Menschen ruhen. Bis auf die Gänsefüßchen. Sie sitzen nebeneinander auf ihrer Bank und blicken, jeweils beide Hände und das Kinn auf den Stockknauf gestützt, über das still ruhende Wasser. Der große Wagen, das Kreuz des Nordens und Cassiopeia bilden ein Dreieck exakt über dem See.

„Halb vier."

„Hmhm."

„Sie wird wohl nicht kommen."

„Die Alesandro Pavolini?"

„Hmhm. Mit diesem Mackensen, dem Kaleu."

„Nee. Glaub nicht. Heute nicht. Jedenfalls nicht vor Porto Valtravaglia."

„Schade."

„Weißt du was?"

„Hm?"

„Mir wird kühl. Ich begleite dich jetzt nach Hause. Die paar Schritte schaffst du noch."

„Gute Idee. Ich spüre meine Beine kaum noch. Abgestorben. Taub. Diese Bank hier ist eine Katastrophe. Aber ich schäme mich ein wenig. Wie dieser Mackensen das macht, ist mir ein Rätsel. Jahrgang 17! Und ohne Unterbrechung im Krieg! Ich bewundere ihn. Ich kann nicht anders, auch wenn ich wollte. Führt ein U-Boot, geht regelmäßig auf Feindfahrt und überfällt erfolgreich die Supermärkte an den Ufern. Ohne auch nur ein Opfer aus der Zivilbevölkerung. Ohne auch nur einen Torpedo zu verschwenden. Und ich?"

„Gehst am Stock, hast taube Beine und willst schlafen gehen."

„Du sagst es. Entwaffnend wie immer."

Sie erheben sich unter gegenseitig gut vorgespieltem Geächze, feiern zweieinhalb Minuten später gebührend das Erreichen der aufrechten Haltung oder dem, was sie dafür halten und machen sich dann auf zu Guiseppes Hinterhofwohnung.

„Mackensen hat keine Gegner mehr", stellt Carlo nüchtern fest.

„Nein", bestätigt Guiseppe, „die Alessandro Pavolini beherrscht den See. Unangefochten."

„Aber Mackensen hatte eigentlich nie einen gescheiten Gegner, oder?"

„Du sagst es. Die Engländer oder die Amerikaner, geschweige denn die Franzosen, hatten nie auch nur ein einziges Kriegsschiff in unseren Seen, weder über noch unter Wasser."

„Banausen."

„Unfähig."

Sie erreichen die Haustür von Guiseppe und umarmen sich lange.

„Besser mit den Beinen? Wärmer?"

Guiseppe schaut an ihnen herunter, als ob dies bei der Antwort helfen könnte. „Es war schon mal noch besser, ehrlich gesagt."

„Denk an Mackensen, Guiseppe! Vielleicht hilft das. Denk an dieses Gesicht! Diese Entschlossenheit! Überhaupt wollte ich noch was fragen. Das will jetzt raus."

„Und?"

„Der Mackensen hat nie aufgegeben? Der hat nie kapituliert? Oder Teile der Mannschaft?"

„Meine Schwester sagt: nein. Hat nie aufgegeben. Ist zum Kämpfen geboren. Will und muss weiterkämpfen."

„Siehst du! Daran musst du dich orientieren. Weiterkämpfen. Auch gegen taube Beine."

„Sagst du so."

„Und hat der denn gar keine Familie?"

„Wer? Der Mackensen?"

„Natürlich der. Wer sonst. Mehr als fünfzig Jahre hauptsächlich auf Tauchfahrt. Das ist doch ein dolles Ding!"

„Das ist der Typ XXI, Carlo, ein hervorragendes Boot. Mit 240 Tonnen Treibstoff, also richtig gut vollgetankt, kommen die bei Schnorchelfahrt mit sechs Knoten locker auf 15 000 Seemeilen Aktionsradius. Die können in unserem See rumkreuzen wie sie lustig sind. Immer rund herum, diagonal, längs und kreuz und quer", redet sich Guiseppe wieder wach. Seine Augen leuchten plötzlich wieder auf.

„Nein, Guiseppe", erwidert Carlo „das ist nicht nur der Typ XXI. Das ist diese Mannschaft unter Mackensen. Überleg doch mal", geht Carlo dabei, quasi bittend, etwas in die Knie.

„Überlegen?"

„Ja. Fünfzig Jahre im U-Boot. Fünfzig Jahre Tauchfahrt. Das heißt?"

„Es ist ziemlich dunkel."

„Gut, das auch. Und was noch? Überlege weiter."

„Ich weiß, was du meinst."

„Und?"

„Das heißt fünfzig Jahre keine Frauen."

„Guiseppe! Bravo!", klatscht Carlo in die Hände und verliert dabei beinahe seinen Stock, „du funktionierst noch!"

„Sag so was nicht."

„Gut, ich ziehe diese Bemerkung wiederholterweise zurück."

„Aber vielleicht ist es ja auch anders", zieht Guiseppe die Stirn in Falten, Carlo anschmunzelnd, „weißt du was?"

„Sag`s."

„Na, ich begleite dich noch zu deiner Pension. Dann kann ich dir noch ein bisschen was erzählen."

„Gern, alter Junge, lass uns losgehen. Wir kennen ja den Weg."

Und so bewegen sich die gebückten Gänsefüßchen aus dem Hinterhof wieder in die Gasse, wenden sich nach rechts, passieren die abgedunkelte, ganz und gar ungastlich wirkende Cantina an der Uferstraße, wenden sich abermals nach rechts und klappern und keuchen die Treppengasse hinauf zur oberen Altstadt.

„So laufen tut gut", sagt Guiseppe, „und wenn`s die Treppen hochgeht, strengt das an, aber dann werd ich auch wieder warm. Das tut so gut."

„Deshalb machen wir`s ja."

„Neinnein, nicht nur. Ich will dir noch von einem Gerücht erzählen."

„Kommt von wem?"

„Geht hier so um den See rum."

„Aha."

„Und da heißt es, dass Mackensens Mannschaft auch aus anderen Grün- 72|73 den ab und zu auftauche. Also nicht nur, um Diesel von Tankstellen abzupumpen oder Steaks, indische Würzsaucen und Salate aus den Geschäften zu holen."

„Ich ahne was."

„Sehr gut. Und das ist ja auch kein Wunder, weil bei dir ja noch alles funktioniert."

„Nicht übertreiben, bitte."

„Übertreiben tust du es nicht. Gut. Aber eben betreiben. Oder auch ohne Vorsilbe, wie's beliebt. Mackensen jedenfalls, so wird es behauptet, soll Freundinnen haben. Und die anderen auch. Vor allem der Navigationsoffizier. Der kommt offenbar wahnsinnig gut an."

Jetzt bleibt Carlo stehen. Um Luft zu holen, sagt er, aber wahrscheinlich eben auch, um sich das Ganze kurz mal vorzustellen.

„Und das schicke Boot, nicht zu vergessen", hängt Guiseppe an seine Schilderung noch dran. „So ein Ding hat ja niemand sonst. Schau: Wenn du einen Ferrari hast oder einen Maserati, dann ist das schon was. Das ist pures Renomée. Das ist ein Vorteil, allemal. Damit kannst du protzen. Aber wenn du so'n schickes Siebzig-Meter-Boot hast zum Zeigen ..."

„... das auch noch spielend untergehen kann und richtig gut ist beim Verstecken-spielen ... "

„... so ist es, dann hat da niemand mehr eine Chance. Da kommen zumindest die heutigen Jüngelchen mit ihren plärrenden Vespas oder ihren rostigen Kleinwagen oder ihren schwachbrüstigen Sportbooten nicht gegen an. Das ist doch offensichtlich. Das sind ja alles Nussschälchen dagegen. Ohne jedes Geheimnis. Und dieses Geheimnisvolle, sag ich dir, dass der Mackensen mit seiner Pavolini aufgebaut hat, das er im dunklen See behält, das zieht in den Bann, sag ich dir. Das macht die Frauen fertig. Das kocht sie weich."

„Aber er ist trotzdem Jahrgang 17. Bei aller Liebe."

„Stimmt", bleibt Guiseppe stehen am Kabelmast der Treppengasse und starrt auf das Schwarzweißporträt von Mackensen.

„Schau ihn dir an", fordert Guiseppe.

Carlo geht ganz nahe hin. Stellt den Stock gegen das Mäuerchen, fummelt das Brillenetuit aus der Sakko-Innentasche, setzt die Gläser auf den Nasenrücken.

„Altes Foto, junger Mann", fängt Carlo an. „Aber jung sein und schön sein ist kein Verdienst", fährt er fort. „Aber eine schöne gerade Nase hat er, Respekt. Und das typische U-Boot-Fahrer-Bärtchen."

„Schau dir diese Augen an, Carlo. Die brennen, oder?"

Carlo hat es satt, den Kopf zu recken. Er reißt das Bildchen mit einem Ruck vom Holz und hält es ins Licht der Gassenlaterne.

„Das ist eben ein Gesicht!", sagt Carlo pathetisch.

„Und offensichtlich hat er es ganz gut konserviert. Und womöglich den ganzen Rest auch noch, der Haudegen. Das ist das Problem. Jetzt ist er alt und immer noch, irgendwie, prächtig."

Carlo sieht sich Mackensen sehr genau an. „Sein Kinn hat etwas Starkes. Etwas Resolutes. Und dennoch Sinnliches, findest du nicht?"

„Wem sagst du das. Ich hör das ja dauernd von meiner Schwester."

„Ach!"

„Komm, lass uns weiter gehen."

Die fünfzig Schritte bis zur Antica Posta bewältigen die beiden wortlos, aber in voneinander nicht so stark unterschiedenen Gedanken versunken. Vor dem Eingang der Pension liegen sie sich wieder stumm in den Armen. Die Uhr auf dem Kirchturm schlägt darüber fünf Schläge.

„Ein Rotweinchen wär jetzt gut."

„Das kann man den ganzen Tag sagen."

„So ein schöner Satz."

„Wann macht die Cantina auf?"

„Maria kommt immer um sechs und öffnet die Läden. Aber serviert wird erst ab sieben."

Carlo deutet mit dem Stock senkrecht nach oben.

„Ich finde, es riecht nach Sonnenaufgang."

„Kannst du den riechen?"

„Genau so gut wie ich rieche, dass deine Schwester mehr als nur eine Sympathisantin ist vom Kaleu."

Guiseppe dreht sich mit dem Rücken zur Eingangstür der Antica Posta.

„Da sagst du was. Jüngst hat sie mir wieder was erzählt."

„Und was?", streckt Carlo den Kopf echsenhaft vor.

„Ich glaub`s allerdings nicht", schüttelt Guiseppe fast unmerklich den Kopf samt dem Doppelkinn.

„Und was?", spielt Carlo wieder die Echse.

„Willst du jetzt wirklich schlafen gehen, da hoch in dein Bettchen?"

„Ich? Seh ich so aus? Erst, wenn du mir diese Sache erzählt hast, die du nicht glaubst. Sonst kann ich nicht abschalten. Das spinnt sich sonst immer so weiter und man kommt vom Kleinen ins Kleinste. Dann hört es überhaupt nicht mehr auf. Du weißt doch, wie das ist. Ich hab einen Vorschlag: Ich begleite dich jetzt zu dir nach Hause."

„Deine Ideen sind sogar nachts wirklich ansprechend. Guter Vorschlag. Also gut, Carlo, gehen wir."

Und so gehen sie müde, aber hellwach wieder die Treppengasse hinab. Carlo hält noch immer das Porträt von Macksensen in seiner Linken.

„Meine Schwester hat ja zwei Freundinnen auf der Schweizer Seite", fängt Guiseppe an.

„Und?"

„Beim letzten Besuch in Locarno, Anfang August, waren sie wieder zu dritt unterwegs. Da kennen diese Achtzigjährigen nix."

„Ja, das Klima hier ist zu gesund."

„Vielleicht liegt es auch an Mackensen."

„Die Alessandro Pavolini, scheint mir, ist so eine Art Ungeheuer von Loch Ness. Ein tiefer See. Diesmal der Lago Maggiore. Ein dunkles Etwas. Diesmal ein Unterseeboot von Blohm & Voss. Mal was Neues."

„Das hast du schön gesagt, Carlo. Aber die Mädels haben mir ihre Geschichte vorgestern bei ein paar Espressi gegenseitig bestätigt. Mein Gott, Carlo, sie haben sogar geschworen!"

„Das ist doch kein Problem, wenn man übergeschnappt ist. Da fällt schwören leicht."

„Mag sein. Auf jeden Fall gefiel mir die Geschichte, auch wenn ich sie nicht glaube. Sie haben nämlich geschworen, dass sie fünf Offiziere der Pavolini gesehen haben."

„Ach!"

„Ja, ach. Der Kaleu und vier Offiziere seien jeweils mit einem Literfläschchen Tessiner Merlot bei den Filmfestspielen gewesen. Du weißt, Locarno. Immer Anfang August. Internationales Filmfest. Sie hätten einfach mitten drin gesessen, die alten Herren, auf der Piazza Grande, mit ihren Ausgehuniformen samt Mützen. In allerbester, aufrechter Haltung. Und schneidig hätten sie ausgesehen. Und deutsch gesprochen. Und gesungen."

„Und den deutschen Gruß jedem entboten, der ihnen zu nahe kam."

„Nein, das nicht. Aber gesungen. Nach der Filmvorstellung."

Die beiden Gänsefüßchen biegen schon wieder in den Hinterhof von Guiseppes Zuhause ein.

„Und was haben sie geträllert?"

„Das ist es ja. Meine drei Zeuginnen waren ganz Ohr und haben versucht, sich alles Wort für Wort zu behalten. Ging natürlich nicht. Aber den Refrain haben sie behalten. Geht so: Heimat, so weit von hier, Heimat, dich grüßen wir, für dich, da fahren wir; den lauernden Tod im Torpedorohr, ran an den Feind, U-Boote vor! Und was sagst du jetzt?"

„Weiß nicht. Ich bin doch Artillerist."

„Das ist das U-Bootlied der deutschen Marine, Carlo! Das konnten damals alle deutschen U-Bootfahrer. Das kannte man sogar bei uns auf den italienischen Booten."

„Und das haben die nicht erfunden, diese drei Mädels?"

„Wie gesagt: Ich glaub sie nicht, diese Geschichte. Andererseits hatte meine Schwester noch nie den leisesten Schimmer vom deutschen U-Bootlied. Das weiß ich genau. Und jetzt, wo sie aus Locarno kam, konnte sie den Refrain singen!"

Sie stehen vor Guiseppes Häuschen. Die beiden gebückten Gänsefüßchen halten sich gegenseitig an den Schultern fest. Die Zeit des Abschieds ist gekommen.

„Willst du jetzt schlafen gehen, Guiseppe?", fragt Carlo.

„Wenn du mich so fragst: eher weniger. Besser gesagt: nein."

„Das hatte ich doch gehofft. Was meinst du, wollen wir uns schon mal auf die Terrasse der Cantina setzen? Es ist halb sechs. Wenn Maria kommt und die Läden öffnet, könnten wir gleich einen schönen Cafe latte bestellen?"

„Und sie hat auch Zigarren."

„Morgens in der Früh schon eine?"

„Zumindest dran riechen. Ab acht Uhr anzünden."

„Das hast du dir aber neu angewöhnt. Das kenne ich gar nicht von dir."

„So ist es, Carlo. Man muss sich verändern, man muss jung bleiben. Man muss sich was einfallen lassen."

„Jahrgang 17!"

Sie lachen los, holen übermütig aus und schlagen über ihren Köpfen krachend ihre Stöcke gegeneinander.

„So, dann lass uns jetzt zur Cantina schlurfen."

Die Gänsefüßchen haben es nicht weit und sind in nur vier Minuten Stockarbeit bereits auf der Terrasse der immer noch geschlossenen Cantina angelangt.

Bis sie einen Platz ausgewählt haben, dauert es dann noch einmal vier Minuten.

„Wenn alles frei ist, dauert es eben immer viel länger", resümiert Guiseppe das umfängliche Manöver samt Stühlerücken und Probesitzen und wieder aufstehen und ganz woanders das gleich Spiel beginnen. Zum Schluss aber sind sie zufrieden genau in der Mitte der Terrasse gelandet, sitzen gut, haben ein schönes Parkplätzchen für ihre Stöcke gefunden und blicken geradewegs aufs andere Ufer, auf die Bergkette zwischen Pian Bello, Monte Spalavera und Piancompra, und genießen den still das allererste Morgenlicht reflektierenden See.

Carlo holt das Foto von Mackensen aus der Tasche und wirft es mitten auf den Tisch.

„Der Deutsche hat also was mit unseren Italienerinnen", sagt er dazu.

„So geht das Gerücht."

„Unbesiegt, der Mann", sagt Carlo und zieht eine Schnute.

„Denk dran: ein ganzes Leben in so einem Schlauch von Boot ist auch kein Zuckerschlecken. Und alle Monat aufzutauchen und die Supermächte zu überfallen, war vielleicht auch nicht sein Lebensentwurf", spricht Guiseppe.

Carlo wartet eine viertel Minute.

„Wen?"

„Die Supermächte."

„Wen?"

„Ach, verdammt, Carlo, scusi: die Supermärkte natürlich. Das weißt du doch."

„Du, das ist die Lösung. Das ist nicht schlecht. Mackensen bekämpft die Supermächte. Diese Konsumpaläste."

„Konsumkisten."

„Verkaufsgaragen. Hässlich alle. Riesige flache Kisten. So ist es. Aber die riesigen Einkaufsketten mit ihren riesigen Märkten in ihren hässlichen Schuhkartons von Hütten und ihren weltweiten Vertriebsimperien sind doch auch Supermächte", spricht Carlo mit aufgerissenen Augen, „und zwar super Supermächte! Insoweit wird Mackensen zum Ritter! Zum Ritter des unabhängigen, regionalen Einzelhandels, zum aufrechten Kämpfer für einen anderen Umgang mit den Mitteln zum Leben. Carlo: Mackensen ist ein ... ein Revoluzzer ... ein Revolutionär!"

Guiseppes Brustkorb tanzt so vor sich hin. Er lacht sich einen ab. Früh am Morgen. „Jetzt brauche ich einen Kaffee, einen Grappa und eine Zigarre!", bringt er zwischen seinen Brustkorbhopsern hervor.

In diesem Moment öffnet Maria den ersten Laden zur Terrasse. Und fällt fast aus dem Fenster.

„Was macht denn ihr hier?"

„Maria! Schön, dass du endlich kommst! Der Tag ist schön, die Luft ist klar, das Leben ist großartig!", ruft Guiseppe aus.

„Habt ihr sonst noch Wünsche?"

„Und ob Maria: Zwei Kaffee, zwei Grappa und zwei Zigarren!"

„Das dauert aber noch ein paar Minuten."

„Mackensen ist auch schon da!", rufen die Gänsefüßchen unisono, schon wieder übermütig, ins Haus hinein, „er liegt flach auf dem Tisch!"

Maria kommt heraus gelaufen, dabei die Hände an der Schürze abwischend.

„Wer?"

„Der hier", deutet Carlo auf den Kaleu.

Maria sieht genau hin.

„Ach der", winkt sie ab, „das ist doch alles Krawall. Der klebt überall. Das ist so eine typische moderne Werbenummer, wisst ihr? Überall werden so Zeichen oder Fotos angepinnt und angetackert und angeklebt, bis es nur so wimmelt. Das ist Werbung! Irgendeine Popgruppe aus Mailand hat diesen Typen zu ihrem Zeichen gemacht, zu ihrem … wie sagt man … Symbol eben. Und irgendwie wirkt es. Alle reden darüber. Ein Bild sagt mehr als tausend Worte!", sagt Maria und saust zurück ins Haus.

Die Gänsefüßchen sagen nichts. Sie starren aufs Wasser.

Zwei Augenblicke später kommt Maria mit den Milchkaffees wieder heraus und stellt sie auf dem Tisch ab. Die vollen Tassen dampfen fleißig durch die Morgenkühle der Terrasse.

„Popgruppe", äfft Carlo nach.

„Mailand", hilft Guiseppe beim Nachäffen.

„Das ist Werbung", äfft Carlo weiter.

„Wird überall angetackert", hilft Guiseppe weiter beim Nachäffen.

„Schwachsinn."

„Die glauben auch alles."

„Genau."

„So ist es."

„Doofdusselei."

„Das kannste laut sagen."

Die Gänsefüßchen holen ihre Tassen zu sich, kippen eine Brise Zucker hinein und beginnen, zu nippen.

Guiseppe sieht es als erster.

„Da!", schießt sein Zeigefinger über den Tisch, „ein Spargel!"

Carlo versteht das nicht. Wie auch.

„Was?"

„Ein Spargel, Carlo!"

„Ein Spargel? Wir haben September, Guiseppe. Das ist keine Spargelzeit!"

„Quatsch! Der Spargel ist in der U-Boot-Sprache das Periskop. Das Sehrohr! Da, siehst du`s, da vorn, und dahinter das gekräuselte Wasser?"

Carlo sieht angestrengt über den See.

„Jetzt genau zwischen den ersten beiden Platanen", schreit Guiseppe fast, „das ist ganz klar ein Spargel. Absolut! Ich bin U-Boot-Fahrer!"

„Der Strich da?"

„Ja! Und es sinkt! Es taucht ab, Carlo, siehst du?"

Carlo, der Artillerist, versucht es zu sehen. Aber was er sieht, ist nur ein Strich, der langsam tiefer ins Wasser eintaucht und sich gleichzeitig geschmeidig schnell nach links bewegt.

„Mackensen!" schreit Guiseppe und stellt sich auf die Beine.

„Mackensen", bestätigt Carlo, wesentlich leiser und sitzen bleibend.

Guiseppe strahlt.

„Bug Richtung Laveno. Ab nach Süden. Er macht sich wieder dünne, Carlo."

Carlo sieht es, ist aber kaum in der Lage, es zu fassen.

„Mackensen", bekommt er tonlos über die trockenen Lippen.

Guiseppe dreht sich herum und ruft mit dem vollen Volumen seines

Brustkorbes in die Küche. „Maria, der Grappa!" Dann lässt er sich auf seinen Stuhl zurück fallen, fährt mit den Handflächen euphorisch mehrfach über die Tischplatte und grinst dabei von Ohr zu Ohr.

„Ich sag nur eins", sagt Carlo leise.

„Und das wäre?", strahlt Guiseppe.

„Jahrgang 1917!", ruft er und ballt beide Fäuste.

Es ist sechs Uhr und sieben Minuten am frühen Morgen des 7. September 1995. Guiseppe Grossi und Carlo Grandi erheben sich von ihren Stühlen auf der Terrasse der Cantina, blicken sich lange und tief in die Augen, nehmen sich dann gegenseitig in den Arm, um sich fest zu drücken. Der Himmel ist klar und wolkenlos. Erste spitze Sonnenstrahlen lugen über die Berge des Ostufers. Endlich. Genau in diesem Augenblick kommen die Grappa auf ihrem Silbertablett.

Die Hand

Als ich in die Stadt fuhr, in der ich geboren wurde, in das Krankenhaus, in dem ich vor über vierzig Jahren ins äußere Leben gepresst wurde, handelte ich wie auf Knopfdruck. Seit rund vier Monaten hatte ich diesen Anruf erwartet. Aber was heißt das schon, seit Monaten. Es war im Grunde falsch. Mein gesamtes bewusstes Leben lang war ich auf diesen Anruf gefasst. Er musste kommen. Er kommt ganz sicher. Und nur einmal im Leben. Es war ein Abend, es war Januar, es war kalt. Feinster Sprühregen benetzte die Luft. Temperatur knapp über null. Kalt blieb es auch im Auto. Es hatte Probleme mit der Heizung. So saß ich am Steuer mit Schal und im langen, komplett zugeknöpften Mantel. Die Hände am Lenkrad kühlten schnell ab. Die Bürowärme aus der Redaktion verflüchtigte sich innerhalb einer einzigen Minute zwischen den Fingern. Kalt, das war mir klar, war es nicht nur von außen.

Innerhalb der Leichtathletik nimmt der Staffellauf eine herausgehobene Stellung ein. Er symbolisiert das für viele Menschen beherrschende Lebensgefühl. Zumindest das zwischen den Eltern und den eigenen Kindern. Und er tut es mit bezwingender Klarheit. Jemand läuft los. Und er weiß schon lange bevor er aus dem Startblock schießt, dass er es nicht für sich alleine tut, das Laufen. Denn am Ende der Stadionrunde – bleiben wir mal bei der vier mal 400 Meter-Staffel – wird er sehnlichst erwartet. Und wie. Ich will jetzt nicht diskutieren, ob man auch im wirklichen Leben nach einer Runde Arbeit, einer Runde Abwesenheit, einer Runde Urlaub von mir aus, wirklich sehnlichst erwartet wird. Die kritische Gegenfrage an dieser Stelle stört nur. Also vorerst weg damit. Bleiben wir im Stadion. Da wird der Staffelläufer sehnlichst von seinen Kollegen erwartet. Man gewinnt oder verliert nur als Kollektiv. Als Gemeinschaft. Aber auf der Strecke, die man in höchstem Tempo durchziehen muss und die nach hinten raus, wie es so schön heißt, zur einzigen großen Marter wird, weil man seine Kräfte verschießt und verballert wie von Sinnen, und weil die Erschöpfung durch alle Gefäße, Muskeln, Bänder und Organe zieht, auf dieser Strecke also, da ist man ganz alleine. Man kämpft im Miteinander, das schon, aber dennoch jeder auf seiner Strecke für sich alleine, ausschließlich auf sich selbst zurückfallend in den Kurven und auf den Geraden. Da ist niemand anders da. Und gerade auf den letzten dreißig Metern, da würde man schon gerne Hilfe in Anspruch nehmen. Aber nix da, es kommt keine. Alle leiden mit dir, womöglich auf dem fernen Fernsehsessel, aber beim Laufen helfen? Nee. Es ist wie im richtigen Leben. Und es darf auch keine Hilfe kommen. Im Stadion. Es gibt Regeln, und die gibt es nur, weil sie einzuhalten sind. Wie im richtigen Leben. Und so quälst du dich bis die Pumpe streikt und der Brustkorb platzt. So was wird honoriert.

Ob sie gerne Leichtathletik geschaut hat im Fernsehen? Auf jeden Fall hat sie dann geschaut, wenn auch andere geschaut haben. Schauen in Gemeinschaft. Im Kollektiv. Und sie hat mitunter vollkommen anders hingeschaut. Zum Beispiel bei einem Klassiker der Leichtathletik, dem Speerwerfen. Das Werfen eines Speeres, längs über die gesamte Rasenfläche des Stadions, empfand sie nicht selten als Bedrohung. Ich glaube, die Jahrzehnte über, in denen sie Speerwerfen im Fernsehen mitverfolgte, wurde sie das quälende Bild nie ganz los, dass ein Speer nach gut neunzig Metern Flugbahn mal in der Brust eines unaufmerksamen oder von der Sonne kurzfristig geblendeten Offiziellen landen könnte. Ich habe dies hie und da mal ausgesprochen, jugendlich direkt und krass, aus reiner Lustlaune heraus, als faszinierendes Bild eines alle verstummen lassenden Schreckens. Der Offizielle, getroffen auf dem Rücken gelandet, noch im – bis auf das Loch vorne – korrekten Dress des Veranstalters, vor den Augen der Welt verendend, vom Speer im rechten Winkel durch den Brustkorb erlegt und darüber hinaus mit der metallenen Speerspitze im Rasen fixiert. So sah ich dies gut vor mir in meinem, was Schreckensbilder anbelangt, stets übermäßig produktionstüchtigen Schädel. Sie dagegen sprach nie davon, verzog beim Gedanken daran nur das Gesicht, schüttelte den Kopf heftig, dabei die Augen geschlossen haltend. Wie heimgesucht. So schauen Mütter Leichtathletik, vielleicht.

Auf diese hellsichtig leidende, damit durch und durch pragmatische Weise, sah sie auch Nachrichten. Und vor allem die Schreckensnachrichten. Die Tet-Offensive des Vietcong erlebte sie im „Weltspiegel" der ARD mit. Zum Beispiel. Nicht anders ging es ihr beim Jom-Kippur-Krieg. Oder angesichts der jeweiligen Opferwelle, die tapfere, aber fehlgeleitete junge Männer am Ende so gut wie jedes James-Bond-Streifens in Truppenstärke hinwegrafft. Auch da schüttelte sie den Kopf. Achtzehn Jahre, höre ich sie noch heute, achtzehn Jahre muss man sie füttern und abwischen und wickeln und füttern und abwischen und wickeln und dann erst recht unterstützen und begleiten und erziehen und ermutigen. Von ihrer Geburt und den Ängsten und Anstrengungen nicht zu reden. Aber totmachen, das geht in einer einzigen Sekunde, und dazu noch so locker und geschäftsmäßig. Und so niveaulos unbeteiligt. In einer einzigen Sekunde. Ein Drama, fügte sie meist hinzu. Es niemals verstehen wollend. Ein Drama. So schauen Mütter Krieg und Spielfilme, vielleicht.

Der Orthopäde traute sich kaum. Er benötigte Anlauf. Die über Achtzigjährige fragte er dann doch, inwieweit sie beweglich sei. Noch. Was heißt beweglich?, fragte sie zurück. Können sie sich gut drehen und wenden, sagte er, gerade im Rumpfbereich, und machen ihnen Kniebeugen Probleme? Sie sah ihn an wie einen erst kürzlich mit ätzender Flüssigkeit attackierten Rembrandt, stand vom Stuhl des Sprechzimmers auf und drehte, bückte, streckte sich, berührte mit den Fingerspitzen die Zehenspitzen bei durchgestreckten Beinen, legte zwanzig Kniebeugen nach und stellte fest, es gehe eigentlich alles noch sehr gut. Der Orthopäde war am Ende seines Lateins.

Das Latein des Internisten reichte aus. Er diagnostizierte Krebs bei ihr. Bauchspeicheldrüse. Daher die Schmerzen in den Lenden und an der Wirbelsäule. Das sei so. Aber die Medizin und die Wissenschaft, die könnten hierzu wenig mehr sagen. Geschweige denn tun. Das sei so. Und mehr als drei, vier Monate zu leben habe sie nicht mehr. Das sei so.

Bis auf den Staffellauf sind die Sportler der Leichtathletik absolute Einzelkämpfer. Die Kugelstoßerin, der Stabhochspringer, die Marathonläuferin, der Hürdensprinter, die Dreispringerin, der Zehnkämpfer. Alle haben nur allein sich, um etwas zu erreichen. Pure Selbstbesinnung, pure Konzentration auf sich selbst hält sie im Wettbewerb. Der Zehnkampf zählt zu den härtesten Prüfungen. Er erscheint dennoch fabelgleich überschaubar. Dagegen ist das Leben außerhalb des Stadions ein Tausendkampf, vielleicht. Und eben nicht von Freiwilligkeit geprägt wie der Zehnkampf. Jedenfalls sehen die Menschen danach aus. Zehnkämpfer dagegen, erinnere ich Fernsehbilder, wirken überraschend oft glücklich in ihrer Verbissenheit. Vor allem kurz darauf. Wenn es gut läuft. Nach jeder Strapaze löst sich ein Teil der inneren Spannung. Das der

Verbissenheit folgende Gefühl der Befreiung wird als tiefe innere Ruhe wahrgenommen, ganz offensichtlich, und sie ist für sieben oder acht wertvolle Augenblicke frei von jeder Erwartung oder Angst. Man kann das einen magischen Moment nennen. Ein Moment, aus dem jedes Gefühl von Dringlichkeit, von emotionaler Bedrängnis gewichen ist. Ein Zustand, der als Gnade erlebt wird. Ein Zustand, der außerhalb des Stadions mitunter ein Leben lang ergebnislos ersehnt und erwartet wird. Millionenfach umsonst erbetet.

Ob sie im Sinne dieser magischen Momente glücklich war? Vielleicht war sie es, vielleicht häufiger als ich es wahrzunehmen in der Lage war. Wenn Glück aber das bewusste Erkennen der vorübergehenden Abwesenheit von inneren Konflikten bedeutet, wenn es sich in triumphierenden Seligkeitsgesten äußerst, dann war sie selten glücklich. Die Siege des spontanen Wohlgefühls über die Anspannung, sie feierte sie nur Sekundenbruchteile lang. Sie war lieber still und versteckt glücklich, vielleicht. Als wenn es sich verlöre, wenn es zu deutlich gezeigt würde, das Glück. Sie war beim Zeigen von Glück sehr vorsichtig, eventuell aus Skepsis. Aus gut erinnerter Trauer. Aus Lebenserfahrung. Und sie war in einem alles überwölbenden Sinne bekümmert. Immer. Und das steht einem befreiten Seinszustand im Weg, es fährt ihm dazwischen wie ein Erdrutsch dem Erreichen der Passhöhe des Großglockner. Ich glaube, genießerisch gelebte Unbekümmertheit hätte sie sogar als moralisch zweifelhaft einordnen müssen. Wie ein Synonym zur Verantwortungslosigkeit. „Was kann man machen, wenn man dreißig ist und beim Einbiegen in die eigene Straße unversehens von einem Gefühl der Glückseligkeit – absoluter Glückseligkeit! – erfasst wird, als hätte man plötzlich ein großes Stück von dieser leuchtenden Spätnachmittagssonne verschluckt, das in der Brust ein feuriges Gefühl hervorruft und einen kleinen Funkenregen in jeder Zelle, jeden Finger und jede Zehe sendet?" So, wie das Katherine Mansfield beschreibt, hat sie sich nie gefühlt. Aber ich kannte meine Mutter auch nicht mit dreißig.

Durch die Winterdunkelheit, eindeutig schwärzer als die im Sommer, renne ich die letzten sechzig Meter zum Haupteingang des Krankenhauses. Meine Hände, meine Füße, meine Nasenspitze sind eiskalt. Hinter der großen Drehtür und der Pförtner-Kabine wirkt das Haus leer. Schläfrig. Ermattet. Aufzug, fünfter Stock, Zimmer 515. Neonröhrenflure, Betten auf dem Weg zur Desinfektion, abgestellte metallene Ungetüme aus der Zentralküche mit den Resten des Abendessens. Ich erkenne das Filmhafte der Szenerie, die Gespaltenheit der Wahrnehmung, die Unwirklichkeit des Erwartbaren, wenn es eintritt. Und ich lasse alles so sein, wie es ist. So verwirrend. Die 515. Nur eine Nachttischleuchte brennt, das Bett ist hochgestellt. Sie liegt schwer und tief und unverrückbar im Kissen wie ein Findling im Bachbett. Sie atmet mühevoll, sehr langsam, röchelnd. Sie sieht mich nicht mehr an. Sie ist noch auf der Strecke. Sie kämpft. Sie kann die Augen nicht mehr öffnen. Aber sie hört mich, das spüre ich. Auch wenn es auf meine Fragen keine Antworten mehr gibt. Lege Schal und Mantel aufs Nachbarbett. Mechanisch. Wie ein Spielzeugroboter. Man hat ein Leben lang Zeit für das Texten von guten letzten Worten. Wird aber alles, wenn es soweit ist, zu blechern tönendem Unsinn. Hole mir den Holzstuhl mit altgrünem Sitzkissen neben das Bett. Schiebe mich so nah heran wie möglich. Nähe war zwischen uns nie ein Problem. Ich blase warmen Atem erfolglos in die Kugel, die meine Hände vor meinem Mund bilden. Nicht erschrecken, kündige ich an, jetzt wird es ein bisschen kühl. Besser gesagt, es wird kalt, füge ich hinzu und schiebe meine Rechte unter ihre schlaff auf dem Betttuch liegende Linke. Die ist wunderbar und unglaublich und durchdrungen heiß. Sie verzieht keine Miene, als ich meine kalte Hand in ihre heiße gleiten lasse und zupacke, leise. Sie packt ebenfalls zu, einmal kurz, einmal ganz lang. Ich spreche. Ich kann die Minuten davonfliegen sehen über das Zifferblatt der Klappuhr auf dem Nachttisch. Ich höre mich vom Loslassen reden, vom Sich-Freuen, von den Erledigungen, die alle, samt und sonders, gemacht sind, von den Pflichten, die alle, samt und sonders, erfüllt sind, von einer gelingenden Reise ins Sorgenfreie, von dem Ort, wo wir uns, wie verabredet, wiedersehen. Von der Bank im Hochgebirge, weit oberhalb der Baumgrenze, mit schönem Blick über weite Täler, wo wir es werden krachen lassen, endlich wieder zusammen, mit Geschichten aus den alten, den neueren und den neuesten Zeiten. Wer in die Ferne zieht, der hat was zu erzählen, sagtest du doch immer. Und ja, erzählen, das werden wir. Das müssen wir.

Meine Mutter ging fort. Sie ließ los. Sie fühlte, vielleicht, sogar ein befriedendes Stückchen Seligkeit darin. Im Sanskrit gibt es das Wort Sukha. Es beschreibt ein Wohlbefinden, so tief, dass man von nichts mehr berührt werden kann. „Wie das gewaltige Reservoir stillen Wassers unterhalb einer sturmgepeitschten Oberfläche", übersetzt es Georges Beranos. Ich betrachtete lange ihr entspanntes Gesicht, ihren unwirklich ruhenden Brustkorb, hörte die vollkommene Stille im Körper, im Bett, im Zimmer. Viel später erst fiel mein Blick auf meine Hand, die die ihre noch immer fest umklammert hielt. Jetzt war alles anders. Meine hatte sie gewärmt, ihre wurde kalt.

Zwischen Zypressen

Mir wär so gern euphorisch, war sein erster Gedanke. Ein guter Gedanke diesmal, befand Adam. Denn erste Gedanken am Morgen kamen ihm mitunter seltsam verschroben vor. Verschoben. Aber dies alles erst, nachdem er wirklich wach geworden war. Diesmal war er zufrieden. Bis auf das nicht korrekte Deutsch, mit dem er diesen ersten Gedanken leise, fast flüsternd, gegen das frühe Morgenlicht sprach, das durchs weit geöffnete Fenster über sein Bett hergefallen war.

Aber ich bin doch euphorisch!, war er überzeugt. Er rollte zur Seite halb aus dem Bett und setzte die Füße auf den Teppich. Ja, euphorisch. Sogar ohne wirklich sichtbaren Grund. Ohne erspürbaren Auslöser. Trotz des Wochentags. Vollkommen losgelöst davon. Montag. Beginn der Woche. Die Zeit nicht fürchten. Die Uhr mögen. Das Rad neu erfinden. Den langen Flur zum Büro gehen wie eine Abkürzung ins Paradies. Die Kollegen wie die ältesten Freunde behandeln. Jeden Gesprächspartner wie den allerersten im Leben begrüßen. Jeden Termin als Beglückung empfinden.

Davor das Badezimmer. Der Blick in den Spiegel über dem Waschbecken verhieß ihm nichts. Was auch hieß: nichts Bedrohliches. Und auch hieß: Er hatte gelernt, die Abwesenheit des Bedrohlichen bereits als befreiend einzuordnen. Nur sein Blick überraschend leer, frei von konkretem Ausdruck. Zudem lag Nichtssagendes herum in den tiefer werdenden Furchen seines Gesichts. So tief konnte er-leider-blicken. Er besah sich dieses Elend seit langem. So half er nach. Er zog behutsam mit dem Zeigefinger seine Gesichtshaut auf der rechten Seite glatt. Richtung Ohr. So sah er also aus. Geglättet. Verjüngt. Entfaltet.

Mit der linken Gesichtshälfte haperte es. Er hatte eigentlich die beidseitige Verjüngung geplant. Aber sie geschah nicht. Der Spiegel warf ihm ein halb gealtertes, halb verjüngtes Gesicht zurück. Eine zweigeteilte Welt. Ein Unzustand. Auf der Suche nach der Ursache besah er sich seine linke Schulter und ließ von dort seinen Blick den Arm hinab gleiten. Sein linker Arm endete kurz unterhalb des Ellenbogens. Das war keine Überraschung. Das war eine Demütigung.

Er biß sich auf die Unterlippe. Er versuchte, sich zu erinnern. Aber was sich ihm bei allem Nachdenken erschloß, war anderes. Mit der Linken konnte er viel weniger Kraft entfalten. Aber bei den kontrollierten, feinen und langsamen Bewegungen war seine linke Hand der rechten immer überraschend ebenbürtig gewesen. Damals. Wann immer damals war. Aber er wußte es genau. Er fühlte es. Wenn er etwa die feinen Mulden rund um die feinen Schlüsselbeinknochen von Helena erkundete, war seine linke Hand der rechten niemals unterlegen gewesen. Helenas Schlüsselbeine waren ein Gedicht. Im Grunde zwei Gedichte. Sie traten markant zwischen Brustbein und Halsansatz hervor. Ihm erschienen sie stets unentrinnbar appetitlich, als bettelten sie fast um Berührung. Als hungerten sie nach Zärtlichkeit. Es waren im Grunde gar keine Schlüsselbeine. Es waren Ranken an ihrem Körper. Ein ausgezeichnetes Gefechtsfeld für das hingebungsvolle und symbolische Eintauchen der Fingerspitzen nördlich und südlich des Knochens.

Auf dem Weg nach unten. Im Treppenhaus des alten vornehmen Stadthauses knarrten die Holzstufen wie betont beleidigte Antiquitäten. Wie immer. Dieses Lebenszeichen toter Bäume rührte ihn. Wer über so viele bittere Jahrzehnte getreten wird, das war seinem mitfühlenden Wesen sehr bewusst, der hat das Recht zu stöhnen.

Das Licht des freundlichen Morgens trübte von Etage zu Etage ein, die er sich der Hausmeisterwohnung im Erdgeschoss näherte. Dort angekommen, nahe dem noch tief verschatteten Innenhof, erschien es ihm, als beginne ein bedeckter Tag im November und kein durchsonnter im späten September. Der Hausmeister hatte ihn erspäht, stand in der Tür zum Hof, das Futter für die Hasen noch in der Hand. Er war sichtlich nicht in der Lage, sich zu bewegen. Sein ganz offensichtlich begonnenes Begrüßungslächeln blieb wie ein angebissener Apfel liegen.

„Ist Ihnen nicht gut?", fragte Adam.

Der Hausmeister setzte zum Antworten an. Aber er tat es nicht. Er schien arretiert. Festgehalten wie ein Film, verharrend im Einzelbild.

„Ist es so schlimm?"

„Was ist denn … mit ihrem … ?"

„Ja?"

„… mit dem Bein?", vollendete der Hausmeister und stellte das Hasenfutter im bunten Karton in solcher Zeitlupe auf dem Boden ab, als würde er grausam bestraft, täte er es schneller.

„Mit meinem Bein?", antwortete Adam und entdeckte beim Blick nach unten nur einen Schuh. Den linken Schuh. Rechts war kein Schuh nötig. Sein rechtes Bein endete kurz unterm Knie, das Hosenbein präsentierte sich professionell eingebunden.

Adam vermochte in diesem Augenblick nicht zu antworten. Wo Erklärungen nicht auf der Hand liegen, kann man sie auch nicht in den Mund nehmen. Der Hausmeister traute sich vor. Zwei Schritte. Und fragte: „Ist ihnen was passiert?" Adam sah dem Hausmeister direkt in die Augen. „Ganz offensichtlich", sprach es aus ihm.

Mehr wollte nicht heraus. Mehr war nicht da. Der linke Arm und das rechte Bein, dachte er. Und ich komme mit einem Bein ohne Nöte diese alte Treppe mit den beleidigten Stufen hinunter. Es ist ein Wunder.

Im Verlagsgebäude nahm er den Aufzug. Zur Redaktion ging es zwar nur eine Treppe hoch. Aber mit nur einem Bein, resümierte er die Erfahrung der vergangenen fünfzehn Minuten und schmunzelte dabei tapfer gegen die Spiegelwand im Lift, erschien ihm dies angemessen. Es entsprach den Erwartungen. Es entsprach den Tatsachen. Es entsprach dem, was offenbar geschehen war.

15. Mai 2014. Er besann sich auf seine Termine. Die Morgenkonferenz würde den Tag festklopfen. Aber die Runde der Kollegen, versammelt um den großen anthrazitfarbenen Tisch, sah ihm, nachdem er sich gesetzt hatte, nur wortlos ins Gesicht.

„Schönen guten Morgen!", suchte er den schwere Schatten werfenden Balken an Angespanntheit, der in der Luft lag, aufzunehmen und in einer Ecke des Raumes behutsam wegzulegen. Niemand erwiderte etwas.

„Was ist denn nun schon wieder?", bereitete er sich innerlich vor auf eine neuerliche Offenbarung, eine neue Erschütterung. Seine Augen flackerten durch den Raum. Er sah zur Kontrolle kurz an sich herunter. Der fehlende Arm. Das eingebüßte Bein. Insoweit alles wie vorhin. Und er sah wieder hoch. Das Schweigen rund um den Tisch versuchte er auszudeuten. Er sah in die wortlosen, meist halb offen stehenden Münder der verunsichert grübelnden Kollegen. Aber er kam mit dem Ausdeuten nicht wirklich voran. Sein Herz kam ihm dazwischen. Sein Herz schlug inzwischen zu fest und zu hart durch den Hals nach oben und von dort, aus der Kopfmitte, gegen seine Trommelfelle. Diese Schläge verschlangen seine gesamte Aufmerksamkeit, er ließ das Schweigen unausgedeutet, er ließ die Münder der anderen halboffen stehen. Eine Kollegin neben ihm zog langsam die Hand hervor und nahm sie vor ihren Mund. Er betrachtete sie eingehend dabei, über die machtvoll drohenden Schläge seines Herzens hinweg. Ihre Hand zitterte. Der kleine Finger ihrer Hand rollte sich ein und verkrampfte.

„Was ist denn?", flüsterte er zischend.

Seine Kollegin, zugeschnürter Kehle, schüttelte so quälend langsam ihren Kopf, als hätte Adam ihr in dürren Worten ihre standrechtliche Erschießung in knapp vier Minuten angekündigt.

„Was?", zischte er noch einmal.

„Deine Lippen ...", brach sie das Schweigen.

Im Auto, auf dem Wege nach Westen zu seinem Pressetermin, fand er wieder Zugang zu einer Insel größerer Ruhe. Nachdem er am Stadtrand die Siedlung Tann passiert hatte, gab er seiner Neugierde nach. Er drehte den Innenspiegel des Wagens auf sein Gesicht. Er sah auf seinen Mund. Obwohl er ihn geschlossen hielt, konnte er in ihn hineinsehen. Ein wenig. Er hatte keine Lippen mehr. Ja, seine weichen, gut geformten Lippen, die ihm als Pubertierender mehrfache, von ihm selbst damals eher abgelehnte Bewunderung eingebracht hatten, sie fehlten. Er schluckte, suchte mit konkreter Erinnerung den Schrecken kleinzuhalten. Damals hatte er seine Lippen, noch im diffusen Dämmerlicht der Selbstfindung, als zu weiblich, als zu oberflächlich schön empfunden. Als zu wenig Adam. Nun waren sie weg. Es war nicht zu erklären. Er vermochte nichts zu entscheiden, er vermochte nicht zu schreien, er vermochte nicht, sich zu schämen. Er sah von Fassungslosigkeit verletzt in den Spiegel. Und konnte direkt auf die Reihen seiner Schneidezähne blicken.

Tief im Bauchraum spürte er übergroße Hitze und Vereisung zugleich. Er schnitt die Kurven ohne Gnade. Sein Tempo war zu hoch, wie fast immer. Alle fahrerischen Aufgaben erledigte er weltabgewandt, mechanisch. Westlich Griesheim genoss er die langen Geraden der Bundesstraße 26, erst nach Wolfskehlen, dann Richtung Leeheim, Geinsheim. Schließlich bog er ab Richtung Kornsand direkt an den Rhein. Der hohe Himmel über dem Ried scheuchte nur wenige kleine Cumuli scheinbar planlos über seine Leinwand. Adam blickte hinauf und tröstete sich willkürlich. Mit dem Übermaß an Raum dort oben.

Vor Kornsand zwang ihn die Reihe der geparkten Fahrzeuge links und rechts der Straße zu wesentlich langsamerem Tempo. Aber er war ohnehin überpünktlich. Er parkte rückwärts ein, glitt in eine kleine Lücke schon in Sichtweite der Lastkähne, die dieselnd vorüberglitten. Er besah erst sein lippenloses Gesicht, ließ den Blick dann sinken und fummelte mit einer Hand die Unterlage aus seiner Aktentasche. Das Brückenbauprojekt bei Kornsand war ein uraltes Vorhaben, über Jahrzehnte diskutiert. Nun war die verblichen geglaubte Idee eines Brückenschlags gen Oppenheim vollkommen überraschend doch noch zur beschlossenen Sache geworden. Baubeginn im kommenden Frühjahr. Zwei Bundesländer, zwei Landkreise, der Bundesverkehrswegeplan. Eine föderale Kooperationsanstrengung. Zahlen zum Investitionsvolumen, zu den Fördertöpfen, zur Prosperität des Wirtschaftsstandortes Rhein-Main, zur Minimalisierung des Landschaftsverbrauchs, zu Umweltverträglichkeitsgutachten, Umwelteinflüssen und ökologischen Ausgleichsflächen, zur infrastrukturellen Projektion, zur vernetzten Verkehrsstrom-Entwicklung, zur Zahl der gesicherten Arbeitsplätze, zu den regionalökonomischen Folgewirkungen für die mittelständische Wirtschaft. Adam klappte die Unterlagen zu. Das Übliche, murmelte er ohne Lippe vor sich hin. Sein Blick streifte seinen leer herabhängenden linken Jackettärmel, ging hoch, schweifte übers Lenkrad auf den Menschenauflauf am Ufer. Blieb dort lange haften. Seit wann, war er einem Gedanken auf den Fersen, fühle ich mich eigentlich wie unbekannt verzogen.

Adam startete den Wagen, wendete einarmig und daher umständlich, nahm Fahrt auf. Während dessen sah er geradezu fotografisch exakt das Gesicht des Hausmeisters vor sich. Dann das Gesicht und die Augen seiner Kollegin, die den Tod durchs Standgericht so sehr gefürchtet hatte. Beim Blick auf seine Lippen. Auf sein offenes Fleisch. Dort, wo Lippen gewesen waren.

Adam verzichtete. Er verzichtete auf die Augen der Ministerpräsidenten aus Hessen und Rheinland-Pfalz, auf die Augen der Landräte und Bürgermeister, auf die Augen der Wahlkreis-Abgeordneten aus dem Bundestag und den Landtagen, auf das schockgefrorene Gesicht des Darmstädter Oberbürgermeisters.

Adam ging auf schnelle Fahrt. Die Tachonadel begann, in den Abschnitt der dreistelligen Werte zu stechen. Dennoch, er fühlte sich überraschend leicht am Steuer, seinem linksfüßigen Pedalsolo zum Trotze. Er schmunzelte breit über seine ungeschützten Schneidezähne hinweg. Am Rande einer sanften Linkskurve sprang ihm eine erst flache, dann höher und höher aufgeschichtete Bruchsteinmauer ins Auge. Sie wirkte als Bauwerk neu auf ihn, verriet aber über ihre einzelnen Steine eher jahrhundertelange Anwesenheit. Sein verbliebenes Bein hob sich vom Gas- und trat aufs Bremspedal. Er bog nach rechts in einen kleinen Feldweg ein, der in einem Feldparkplatz endete, vor einem hohen schmiedeeisernen Tor. Der rechte Flügel des Tores stand einladend offen.

Wo waren seine Lippen?

Sie zu küssen, war einzigartig. Mehr als dies. Wenn etwas himmlisch war mit dieser Frau, dann dieses abgrundtief weiche Vereinigen der Münder. Sie hatten sich wahnhaft oft geküsst und wahnhaft lange, jede Stunde, jeden Tag. Und es wäre sinnlos gewesen, einmal damit begonnen, dieser schmeckenden Lust, ihrem Sog, der aufgebauten erotischen Fließgeschwindigkeit entgegen schwimmen zu wollen.

Adam untersuchte seinen lippenlosen Mund mit den sicher vorsichtigsten Tastversuchen der Fingerkuppen seit seiner Geburt. Es schmerzte nicht zwischen den Mundwinkeln, an den Leerstellen. Es schmerzte in seinen Gedanken an Maria. Sie war der Mund seines Lebens. Die beste und wahre Sexualität zwischen ihnen war im Grunde stets durch ihre Zungen und Lippen geströmt. Gezogen. Gereift. Gekommen.

Er öffnete die Fahrertür, dieser Abfolge innerer Bilder, dem Sehnsuchtsdaumenkino eines entstellten Mundes, ein abruptes, auch äußerlich hörbares Ende zu setzen. Nimm dein Leben nicht so persönlich, murmelte er sich aufmunternd zu. Er erhob sich, ging durchs Tor. Das Wunder, wie er es schon am Morgen im Treppenhaus erfasst und gewürdigt hatte, hielt weiter zu ihm: einbeinig gehen ohne Beeinträchtigung. In festem Gleichgewicht. Ja, ein Wunder.

Der zentrale Kiesweg, mit alten Eiben zur Linken, erschloss als Achse die gesamte bruchsteinmauerumfasste Welt. Es knirschte nur noch unter dem linken Schuh. Sonderbar, unwirklich, entfremdend. Zwischen zwei hohen Zypressen blieb er stehen, bückte sich, eine dieser wunderbaren Früchte dieser Bäume aufzuheben, eine dieser gestalterisch wertvollen Samenkapseln, dieser kleinen runden Kunstwerke. Er wog sie in der Hand. Geballte Zukunft, dachte er. Dabei fiel sein Blick auf einen leicht verkippten Stein im Schattenwurf der Zypressen. Samt einseitig Moose ansetzender Inschrift. „Mir wär so gern euphorisch" war zu lesen. „Adam Hartmann. 1959 – 2007".

Das erotische Radio

Wann es das erste Mal passiert war? Beim zweiten Frühstück wahrscheinlich. Aber die Frage war dumm. Passieren, das klang ihm zu sehr nach Unfall. Nach Schrecken. Nach einem düsteren Geschehnis, das über einen kommt wie eine Lawine in den Ötztaler Alpen. Es passierte ihm nicht, das beim zweiten Frühstück. Es geschah ihm auch nicht, das klang ebenfalls nicht gut, das war erneut nicht das passende, das angemessene Wort. Es widerfuhr ihm. Das war es. Das war das Wort.

Also, als es ihm widerfuhr, war er bei der Zubereitung des zweiten Frühstücks in seiner Siebenquadratmeterküche. Der Kaffee war frisch gebrüht, der Orangensaft frisch gepresst, die Spiegeleier in der Pfanne näherten sich auf dem Herd ihrer Vollendung, das Eiweiß leicht gebräunt und krustig, die Petersilie schon darüber gestreut. Seine Rechte fuhr vor, bereit zum Griff in den kleinen, weiß lackierten blechernen Brotkasten, aber die Hand erreichte sie nicht mehr, die Tüte mit den bereit liegenden Croissants. Denn Sie kam dazwischen. Sie muss an dieser Stelle, also von Beginn an, groß geschrieben werden, findet er. Denn Sie war Sie. Und zwar vollkommen. Sie war im Radio. Und Sie kam aus dem Radio heraus. Eine Altstimme mit einem unerträglich attraktiven, hingeworfen lasziven Timbre, mit Nebenfrequenzen im Luftstrom des Sprechens, die ihm das Herz eine halbe Minute still stehen ließen. Fast versagten ihm nach dieser Zeit die Beine. Kurz vor dem Einknicken hielt er sich reflexhaft an der Küchenzeile fest, stieß mit dem linken Unterarm gegen den Pfannengriff, schleuderte damit die Pfanne herum, sah ihr gelähmt dabei zu, wie sie sich, schnell drehend, zunächst von der Platte, dann vom Herd an sich verabschiedete und seine ersehnten Spiegeleier samt frischer Petersilie mit in die Tiefe riss. Er schloss die Augen, das Zerschlagen und Zerplatzen der Dotter nicht mit ansehen zu müssen. Die Augen wieder offen, gegen seinen Willen, sah er, wie erwartet, die Pfanne von unten. Sie hatte ihre eiserne Unterseite gnädig über den Unfallort ausgebreitet. Dies hier war passiert. Hier passte das Wort.

Seinem hingemordeten Frühstück zum Trotze: Sie war weiter im Radio zu hören. Die laszive Altstimme. Sie moderierte eine Musiksendung. Er empfand es als geradezu folgerichtig. Für eine solche Stimme, die auch kleine Schleifer oder Verschleppungen in der Aussprache zum musikalischen Abenteuer werden ließ, geradezu das Denken beim Formulieren musikalisierte, für eine solche Stimme war kaum ein anderer Programmpunkt denkbar. Er setzte sich, den Weisungen seiner weichen Knie folgend, an den kleinen Tisch. Die gemordeten Spiegeleier ihm zu Füßen. Das Gelbe vom Ei sickerte unter dem Pfannenrand hervor. „Erledigt", sprach er vor sich hin. Ein Mahnmal für seine Begeisterung.

Aller Hunger war ihm vergangen. Ersetzt durch einen anderen. Sie sprach vom schmalen Oeuvre des italienischen Barock-Komponisten Francesco Onofrio Manfredini. Alt geworden, dachte er, als sie, hingeworfen elegant und verschwenderisch nuanciert, Manfredinis Lebensdaten einflocht. Geboren 1684 in Pistoia als Sohn eines Posaunisten, zum Studium der Violine in Bologna bei Torelli, von Perti schließlich mit Komposition und Kontrapunkt vertraut gemacht, gestorben am 6. Oktober 1762. Manfredini, Pistoia, Torelli, Bologna, Perti. Wie Sie das aussprach. Von dem Dazwischen gar nicht zu reden. War Sie Italienerin? Nein, eher nicht, denn Ihr Deutsch, es war eine Ohrenweide desgleichen. „Zu Beginn des 18. Jahrhunderts bekommt die neue

Gattung Instrumentalkonzert ihre wesentliche Förderung gerade von den in Bologna tätigen und geschulten Musikern. Den Komponisten dieser Stadt ist, was die Herausbildung des Concerto grosso anbelangt, das größte Verdienst zuzusprechen. Es steht in direktem Zusammenhang mit der glanzvollen und im Hinblick auf die unmittelbare Prachtentfaltung nur noch mit Venedig oder Rom zu vergleichenden Musikpflege an Bolognas Basilika San Petronio. Diesem Bologneser Qualitätsverständnis in der Concerto-Konstruktion fühlte sich Manfredini zeitlebens verbunden." Er bemerkte, wie ihm nicht allein die Ohren weit offen standen, sondern auch der Mund. Es war ihm gleichgültig. Er hörte Ihr zu. „Einen eigenständig langsamen Mittelsatz von gravitätisch-tänzerischem Gestus prägt in den sogenannten Ripieno-Konzerten allein das Concerto III, bei den anderen Concerti stellen modulierende Brücken die finessenreiche Verbindung zur jeweiligen Finalsatzgruppe her." Er hörte Ihr nicht nur zu. Er verfiel Ihr.

Er hatte bald begonnen, seine Lebensführung und sein berufliches Terminbuch nach Ihren Sendungen auszurichten. Er frühstückte weniger und hörte mehr. Die laszive Altstimme sprach immer öfter zu ihm, begann zu wohnen in seinen Ohrmuscheln, liebkoste ihn bei der Morgenrasur, beim Autofahren, nicht zuletzt durch seine schlafarmen Nächte. In einer dieser Nächte fuhr er hoch und wusste glasklar, was mit ihm innerhalb von nur vierzehn Tagen geschehen war. Er war sehnsüchtig. Im doppelten Sinne des Wortes. Er sehnte sich und er war süchtig. Vielleicht sogar im dritten Sinne des Wortes: Er war süchtig danach, sich zu sehnen. Beim ausfallenden zweiten Frühstück am Vormittag danach rückte er in der Küche mit dem Stuhl ganz nah vor den Radiolautsprecher, nurmehr dreißig Zentimeter von Ihr entfernt, und versuchte sich die laszive Altstimme vorzustellen. Das hieß vorrangig: In was für einem Hals sitzt diese Stimme, was für ein Kopf steckt auf ihm und was für ein Körper unter ihm, und wie schließen sich daran ihre Beine an. Er wurde sehr aufgeregt bei dem befreienden Gedanken daran, dass er Sie sich in jeder möglichen Weise vorstellen durfte, ohne sich zu begründen oder zu schämen, nur geleitet vom Ausdruck Ihrer Stimmbänder, ihren Vokalen, Konsonanten, ihren kurzen kunstvollen Pausen, ihrem Atmen, ihrem Hauchen.

An diesem Vormittag hatte Sie sich die Neueinspielung der sechs Orchestersuiten unter dem Titel „Die Kleine Kammermusik" von Georg Philipp Telemann vorgenommen. Während Sie über Telemann sprach, den deutschen Ausnahmekomponisten aus dem Hochbarock – wie er 1712 seine Stelle als Kapellmeister in Frankfurt am Main antrat, dass er die bereits kurz nach ihrer Veröffentlichung sehr erfolgreichen sechs Suiten vier herausragenden Oboisten gewidmet hatte, keinesfalls also Fürsten oder Prinzen, wie es der gängigen Gepflogenheit entsprochen hätte, sondern bürgerlichen Personen, etwa dem am Darmstädter Hof wirkenden Johann Michael Böhm –, saß er auf seinem Stuhl, die Augen geschlossen, ganz in die Vorstellung von Ihr versunken. Wie groß dürfte Sie sein? Er blinzelte kurz, das Radio zu betrachten. Maximal fünfzehn Zentimeter, schätzte er, dürfte Sie messen. Und auch dann passte Sie nur im Sitzen in das Gerät hinein. Aber es ginge. „Kraftvolle Entschiedenheit und außergewöhnliche Ernsthaftigkeit prägt die gesamte Ouvertüre in e-moll", hörte er, kurzfristig von dem Pathos in dem großen Wort „Ernsthaftigkeit" abgelenkt. Sekunden später klinkte er sich wieder ein in den Sinn Ihrer Worte. „Alle Facetten leuchten in diesen kompakt und kraftvoll intonierten musikalischen Miniaturen auf und präsentieren ein farbiges, kurzweiliges, mitunter mitreißend temporeiches Bild der modernen Musik um 1716." Und Ihre Haare? Er schwankte stets. Mal waren sie kurz und blond, mal brünett gelockt, mal schwarz mit einer Punksträhne grün. Es kam darauf an. Er arbeitete an Ihr. An der lasziven Altstimme. Er gab Ihr ein Zuhause. Letztlich sah er Sie stets von vorn am Studiotisch in seinem Radio sitzen. Das war schön. So war es für ihn möglich, Ihr beim Sprechen stets auf die Lippen und die Zähne zu sehen. Und die Bewegung Ihrer Grübchen zu verfolgen. Selbstverständlich versuchte er immer etwas von Ihrem Körper unter dem Tisch zu erkennen. Trug Sie Röcke, trug Sie Hosen? Welche Art von Schuhen bevorzugte Sie? All das wäre wichtig gewesen, aber das Studio war sehr unaufgeräumt, unten herum schlecht beleuchtet und ertrank im Kabelsalat. Dennoch hatte er genug gesehen. Die laszive Altstimme war eine sehr grazile, sehr entschieden auftretende, berstend selbstbewusste Frau von Mitte dreißig bis Anfang vierzig, feingliedrig, feinfühlig und sensibel, wortmächtig und wählerisch. Und allein.

Er war seinem Radio sehr dankbar. Weil Sie nur fünfzehn Zentimeter groß sein konnte, sehr schlank war, mit langen Beinen auftrumpfte und eine wilde Mähne roter Haare besaß – er hatte sich kurz nach drei Uhr früh in der vergangenen Nacht für diese Farbe entschieden –, war Sie überall hin mitzunehmen. Auf dem Weg zur Arbeit nahm er sie mit ins Auto und setzte Sie bequem aufs Armaturenbrett, postierte ihre Beine, übereinander geschlagen, leger neben den Defrosterdüsen. Dort saß Sie die gesamte Zeit über schmuck herum, und wenn er die Augen schloss – für zwei Sekunden auf gerader Strecke – hörte er ihre Altstimme mit ihm herumschmusen. Er empfand die Situation als außerordentlich gelungen und kurzweilig. Wenn er, auf Terminjagd, sehr schnell eine kurvige Strecke zu bewältigen hatte, nahm er Sie zärtlich vom Platz und steckte Sie in seine warme Manteltasche. Sicherheit ging auf alle Fälle vor. Fuhr er am Abend oder nachts nach Hause, klappte er oft das Handschuhfach herunter. Das innenbeleuchtete Fach spielte dabei seine großen Vorzüge aus. Er setzte Sie auf die kleine ebene Fläche der offenen Klappe und rückte die lasive Altstimme in Ihrem engen kurzen Lederrock ins beste Licht. Sie sah hinreißend aus am Klappenrand des Handschuhfachs, die rote Mähne von hinten dämonisch angeleuchtet. Mehrfach war er dieses köstlichen Anblickes wegen beinahe in den Straßengraben gefahren, einmal passierte es tatsächlich. Und auch hier stimmte das Wort passiert, fand er. Er riss zwar noch das Steuer herum, aber der Wagen hatte zuviel Geschwindigkeit, schleuderte in die Senke neben der Straße hinein und blieb dort stecken. Seine Angst galt aber nur der Altstimme auf ihrem angestammten Platz. Sie war schwer verstört. „Entschuldige", bat er inständig, weil Sie von herumrutschenden Straßenkarten, seinem Schweizer Taschenmesser und seinem schweren Schlüsselbund, die auch im Handschuhfach zu Hause waren, beinahe erschlagen worden wäre. Das einzige, stellte er hinterher beunruhigt fest, was ich nicht im Handschuhfach habe, sind Handschuhe. Weiche, ungefährliche Handschuhe, die Sie nicht erdrücken oder beschädigen können. Ich lege welche hinein, beschloss er. Er entschied sich für gefütterte Frauenhandschuhe mit lustigen bunten Handschuhfingerkuppen. Die Straßenkarten, das Messer und die Schlüssel wurden fortan in den Türfächern verstaut. Diese Frau, erzählte er bei der Morgenrasur seinem Spiegelbild, ordnet mein Leben.

Die nächste Sendung widmete sich dem Lübecker Renaissance-Komponisten Franz Tunder. Er lebte von 1613 bis 1667. Die Altstimme, bemerkte er sofort, war von Engagement und Liebe durchdrungen. Für die Musik. Tunder? Er hatte noch nie von ihm gehört. Und räumte dies sofort ein. Sollte er sich darüber ein wenig schämen? Nein, dazu blieb keine Zeit. Nicht bei dieser Stimme, ihrer Schwingung, Kraft, Dehnungsfähigkeit. „Die zweite und dritte Strophe des Choralkonzerts *Ein feste Burg ist unser Gott* zeigen einen zu Tunders Zeiten in Deutschland noch wenig praktizierten, geradezu modernen Triosatzstil mit zwei Violinen. Auffällig sind nicht zuletzt die im Vergleich zu Tunders Nachfolger Buxtehude häufig vorkommenden sängerischen Baß-solopartien. Tunder verlangt den Bässen dabei virtuose Fähigkeiten ab bishin zum Extrem einer in drei Takten einen vollen Zwei-Oktav-Umfang fordernden Koloratur auf dem Wort Teufel zu Beginn der dritten Strophe. Überhaupt: In Sachen Chromatik und expressiver Satztechnik steckt Tunder voller mutiger Einfälle."

Diese Altstimme. Sie war derartig kompetent, es war kaum auszuhalten. Wieder standen ihm Ohren und Mund weit offen. Dann spielte Sie aus der neu erschienenen Produktion das rund zehnminütige Vokalwerk *Wend'ab deinen Zorn, lieber Herr, mit Gnaden* – sechs Stimmen, sechs Instrumente – sowie das fünfminütige *O Jesu dulcissime* mit einer Baßstimme und zwei Violinen. Jetzt kenne ich auch Franz Tunder, sprach er danach aus, damit den Mund endlich wieder schließend.

Was danach kam, gefiel ihm gar nicht. Im Radio saß plötzlich noch ein Mann. Die laszive Altstimme hatte einen Musikwissenschaftler in Ihre Sendung eingeladen. Das war ungeheuerlich, empfand er. Fast ungehörig gar. Und dann plauderte Sie mit ihm über das Schicksal von Komponisten und Werken der Renaissance, über das seltsame Wirken der selektiven Wahrnehmung durch die Nachwelt, das Aussondern des Besonderen und das fortdauernde Popularisieren des ohnehin schon Bekannten. Bach also. Zum Beispiel. Er hörte diesen Doktor der Musikwissenschaft sprechen und war außer sich ob dieser unnötigen weiteren Bevölkerung seines Radios. Er konnte diesen Musikwissenschaftler nicht gebrauchen. Er war nicht vonnöten, kompetent war seine Altstimme, wie bewiesen, schon aus sich heraus. Warum machte Sie so etwas? Was trieb Sie dazu an? Wo aber Ärger schon ist, gesellt sich gerne weiterer hinzu. Er ging mit dem Gesicht ganz dicht vor sein Radio und traute seinen Augen nicht. Während einer Musikeinspielung machte sich das linke Bein des Musikwissenschaftlers am rechten Bein der Altstimme zu schaffen. Wenn die mal im Studio soviel Licht haben, dass man auch sieht, was unter dem Tisch geschieht, dachte er verzweifelt, dann sieht man das. Also genau das, was man nicht sehen will. Muss ich mir das antun?, schrie er heraus, der impulsiven Heftigkeit wegen vor sich selbst erschreckend. Nein, musste er nicht. Tat er aber doch. Während eine Interpretation von Tunders *An Wasserflüssen Babylon* lief, kam es unter dem Studiotisch zu eindeutigen Begegnungen der beiden. Es war dies für ihn absolut unzweifelhaft. Er glaubte sogar die linke Hand des krankhaft neugierigen Musikwissenschaftlers zwischen den langen Beinen der Altstimme zu erahnen. Und dies während beide oberhalb des Tisches entweder versonnen der Musik lauschten oder kurz die nächsten Dialogschritte absprachen. Es war, und er wusste um die Wiederholung dieser Feststellung, ungeheuerlich. Ein Doktorschnösel, der sich zuviel traut, und eine laszive Altstimme, die sich nicht recht im Griff hat.

Er schaltete das Radio aus und briet sich zum ersten Mal seit Wochen wieder Spiegeleier. Eine Handlung instinktiven Widerstandes. Eine Zeichensetzung, gerade gegenüber sich selbst, das wurde ihm Stück für Stück bewusst. Aber war dies die Lösung? War es zumindest eine der möglichen Lösungen? Nein, ganz und gar nicht. Sinnloser Widerstand ändert die Lage nicht, symbolischer ebenso wenig. Bebend erzürnt ging er zum Telefon, wählte die Nummer des Senders, fragte sich zur Musikredaktion durch und ließ sich die Durchwahl der lasziven Altstimme geben. Sofort nach Abschluss der Sendung, lautete sein unabänderlicher Entschluss, wollte er mit Ihr Tacheles reden. Als er in die Küche zurückkehrte, umwölkte Rauch und umstank Angebranntes das, was einmal Spiegeleier werden sollten. Ich habe kein Glück mehr, flüsterte er, den Herd abstellend.

„Ich bewundere Ihre Sendung", brachte er als erstes heraus.

„Vielen Dank", kam es in warmem Alt zurück.

Er musste schlucken. Die direkte Verbindung mit Ihr ließ seinen Kopfinhalt neblig-diffus werden.

„Hören Sie sie oft?", fragte Sie, die sich auftuende Pause überbrückend.

„Immer", presste er hervor, „ich höre sie immer. Und vor allem höre ich Sie. Ihre unglaubliche Stimme."

„Oh, danke", lachte Sie kurz auf, schmerzhaft sympathisch, „aber Sie hören die Sendung auch gerne wegen ihres Inhalts, hoffe ich. Wie hat Ihnen heute das Thema Lübeck und Franz Tunder gefallen?"

„Ehrlich gesagt ist ... äh ... "

„Ja?"

„Es ist so: Ich kannte den gar nicht."

„Das ist nichts Schlimmes. Da geht es ihnen wie der großen Mehrheit. Und um das zu ändern, wird die Sendung ja gemacht. Es geht einfach darum, den verdeckten Reichtum der Musikgeschichte, die ganze Breite des Schaffens damals, bewusst zu machen, auch und gerade die regionale Musikhistorie, die so gerne vollkommen vergessen wird oder für zweitrangig erklärt wird, was sie aber nicht ist. Ganz im Gegenteil."

„Ich weiß, ich weiß, aber etwas hat mir heute ... während der Sendung, meine ich ..., gar nicht gefallen ..."

„So? Ja, dann sagen Sie es mir. Lassen Sie mich raten: zu viel oder zu wenig Musik?"

„Es war unmöglich. Das macht man nicht", lichtete sich, von den Rändern her, der Nebel in seinem Kopf.

„Oho, das klingt ja schon heftiger. Was sollte man denn nicht machen?"

„Das ... das da ... unter dem Studiotisch da ..."

Diesmal trat auf der anderen Seite eine Pause ein.

Sein Gehirn dagegen war jetzt wieder vollkommen klar, der Nebel der Überwältigung verzogen.

„Ich habe es genau gesehen!"

Die Pause auf der anderen Seite der Leitung hielt an. Als wenn Sie sich ernsthaft um Erinnerung bemühte.

„Waren Sie im Regieraum?", fragte ein skeptisch werdender, dabei immer noch lasziv phrasierender Alt.

„Ich?"

„Ja, sie."

„Ich war da nicht, nein. Wie denn auch. Ich war hier vor meinem Radio!"

Sie seufzte. Das, fand er, konnte alles bedeuten. Er hielt sich aber mit keinem Interpretationsversuch auf und sagte stattdessen, geradeheraus und wahrheitsgemäß:

„Das hätte ich nicht von Ihnen gedacht!"

„Aber was war denn überhaupt?", fragte sie, eine leichte Brise Verstimmung ein-salzend.

„Dass Sie sich ... also während der Sendung ... von diesem Schnöseldoktor ... so unter dem Tisch einfach so ..."

„Ja?"

„... befummeln lassen! Ich muss es einfach so sagen. Ehrlich aussprechen. Erst war da sein Bein, dann kam noch seine Hand dazu. Und und und Sie ..."

„Ja?"

„... Sie lassen diesen Einfallsdoktorpinsel einfach gewähren als wäre ... als wäre nichts dabei ... und verziehen dann auch noch keine Miene dabei ..., also das ist schon, wenn Sie mir erlauben ..."

„Ja bitte?"

„... hochprofessionell, könnte man vielleicht sagen, wenn man es so sehen will. Aber ich will das nicht so sehen!", wurde er lauter.

„Aber sie haben es gesehen."

„Aber natürlich! Es war, wie ich finde, ziemlich gut zu erkennen. Sie haben zwar eine ... tolle Miene aufgesetzt, so eine scheinbar selbstvergessen lauschende, wissen Sie ... ?"

„Jaja, natürlich."

„Franz Tunder und so, Renaissance-Konzerte und so, jaja, aber unter dem Tisch, da waren Sie ... da waren Sie eine ganz andere, sag ich Ihnen ..."

„Sagen Sie?", kam ihm Ihre Stimme plötzlich noch dunkler, verschatteter vor.

„Ja?"

„Sind Sie ..., nein, ich frage umgekehrt: Ist ihnen gerade ganz wohl?"

„Ja eben nicht! Wenn Sie solche Dinger drehen mit diesem unnötig eingeladenen Fritzen da, der nur kam, um sich zu produzieren, wichtig zu tun und Ihnen zwischen die ... äh, die Beine zu gehen, wenn Sie mit so jemandem ans ... mein Gott, was soll ich sagen ... also ans Eingemachte gehen, dann ist mir, mit Verlaub, nicht wohl! Dann kann es mir nicht gut gehen!"

„Sind Sie krank?", schob sie vordergründig gelassen dazwischen.

„Ich? Warum denn ich? Wer fummelt unter seiner Würde während einer Radiosendung mit einem Wildfremden herum? Ich oder Sie?"

„Ich glaube, wir sollten dieses seltsame Gespräch beenden."

„Jetzt klingen Sie wieder herablassend professionell. Sie machen wohl alles professionell, oder? Sie können das, nicht wahr? Und jetzt möchten Sie das Gespräch also beenden statt meine Bedenken ernst zu nehmen. Sie stehlen sich davon und meine tiefe Betroffenheit ersäufen Sie!"

„Haben Sie vielleicht zufällig vor dem Fernseher gesessen und die vielen Sendungen und Programme ein wenig durcheinander gebracht?"

„Neinnein, liebe Frau, ich sehe Radio!"

„Aha."

„Und ich stehe dazu, was ich gesehen habe. Sie sollten zumindest ebenso sehr dazu stehen, was Sie getan haben. Man kann ja doch über alles, was geschehen ist, noch einmal reden. So ist es ja gar nicht."

Sie atmete viele Sekunden lang hörbar aus.

„Ich wünsche Ihnen noch einen guten Tag", sagte Sie. Er glaubte, Ihr professionell verachtendes Lächeln zu sehen.

„Nein, legen Sie noch nicht auf! Ich möchte Sie sehen. Vielleicht könnten wir einen Kaffee trinken auf der Antonia II."

„Diesem Restaurant-Schiff?"

„So ist es, genau auf dem. Das liegt am nördlichen Main-Ufer. Aber das wissen Sie ja. Aber lassen Sie uns in die Bar gehen auf der Antonia, nicht ins Restaurant. Geben Sie mir fünfzehn Minuten. Ich möchte Ihnen noch etwas ganz anderes sagen. Etwas … vollkommen anderes … etwas …, aber dazu muss ich Sie sehen …"

„Sie sind verquer genug, um mich neugierig zu machen. Das passiert bei Anrufern sonst eher selten. Aber mehr als fünfzehn Minuten gehen nicht. Lassen Sie mich kurz nachsehen …"

Er hörte das Blättern der Blätter ihres Terminkalenders.

„Ich geb ihnen eine Chance", hörte er Ihr Selbstbewußtsein, „aber ich allein sage, wann, in Ordnung? Wenn Sie da nicht können, lassen wir`s."

„Das ist Diktatur, aber gut, ich nehme es hin."

„Es ist meine Zeit, meine Sendung, mein Terminkalender", bekam ihr Alt einen festen, resoluten Kern. Diese Frau ist eine stolze Göttin, formulierte er seine Bewunderung in vollendeter Stille.

„Jaja", bestätigte er schnell.

„Dienstag, nach der Morgenkonferenz in der Redaktion. Das heißt … sagen wir: 11 Uhr auf der Antonia? In der Bar?"

„Ja, das sagen wir."

Er behielt Sie bei den nächsten Autofahrten in der Manteltasche. Es war ihm danach. Nur bei der Morgenrasur setzte er Sie bequem gegen die Flasche mit dem Duschgel gelehnt auf den Bord unterhalb des Spiegels. Dort konnte Sie genau verfolgen, wie viel Mühe er sich gab, auch die kleinsten Härchen zu erwischen. Und am Abend im Fachgeschäft setzte er Sie sich auf die linke Schulter, damit Sie sah, wie er etwas suchte und schließlich fand. „Neuerscheinung! Sieh an, als hätten wir`s geahnt. Dodici concerti opus 3 von Francesco Manfredini, ist das eine gute Wahl?" fragte er Sie auf dem kurzen geraden Weg zur Kasse, den Kopf nach links neigend, auch nichts zu überhören. „Bravo!", hörte er Ihre Anerkennung mit dem gewohnt lasziven, diesmal leicht ironisch unterlegten Alt. „Na also", sagte er, und der Mann an der Kasse sah auf: „Haben Sie gerade mit mir gesprochen?" „Nee", schüttelte sein Gegenüber den Kopf, „mit ihnen nicht."

In der folgenden Nacht sah er eine Frau wieder, die ihm seitdem sie sich vor langer Zeit einmalig gesehen hatten, nie mehr aus dem Sinn geraten war. Es gab solche Begegnungen, solche seltsamen Schicksalstreffen, vielleicht waren es drei in seinem bisherigen Leben, zählte er fahrig nach, ganz kurze, flüchtige Blicke auf Frauen, die aber lebenslang ihren Abdruck in seine Erinnerung prägen konnten. Sie hatten sich in ihr zu regelrechten Vertiefungen verkrustet. Die Frau, die er im Traum wiedersah, kreuzte vor fünfzehn Jahren mit ihrem blauen Renault seinen Weg auf der Viale Castagnola in Lugano. Ein absoluter Zufall. Wenn man an ihn glaubt. Er war zu Fuß unterwegs, versuchte die Straße zu kreuzen Richtung See, suchte sich entlang der nach Osten aufgereihten Fahrzeuge eine Lücke aus, wollte gerade den blauen Renault schnell passieren, als er erst die herunter gekurbelte Seitenscheibe wahrnahm, dann den Blick auf die bemerkenswerten Beine einer Frau warf, die ohne Schuhe die Pedallerie bediente. Dann blieb ihm noch eine Sekunde, zu bemerken, dass sie ihn ebenfalls bemerkte, dass sie hoch sah zu ihm, und er sah sie genau, und dieses Gesicht und sein Ausdruck ließen ihn seitdem nicht mehr los. Das war so eine Frau, die man sieht und liebt, kommentierte er in seinem Traum wie ein Reporter des Fernsehens aus dem Off die Situation. Nachrichten aus der Vergangenheit. In zweieinhalb Sekunden war damals alles entschieden. Aber er, obwohl von einem gewaltigen Blitz gespalten, blieb nicht stehen, verdammt. Er blieb aus einem falschen, nicht korrigierten Reflex heraus nicht stehen, es gelang einfach nicht. Er bückte sich nicht und lugte nicht, ein gewinnendes Bona sera auf den Lippen, freundlich durch die Seitenscheibe, er bohrte sich nicht mit seinen Augen in die ihren und fragte nicht danach, ob man diese unglaubliche Begegnung, diese Intensität der Sekunde, in einem nahen Caféhaus am Ufer auf seine Haltbarkeit hin überprüfen sollte. Nein, nichts. Er lief weiter, nicht langsamer, nicht schneller, einfach weiter, irritiert, getroffen, unfähig. Obwohl er ihren Blick spürte, wie sie ihm nachsah, wie er vor ihrem Auto die Straße querte und dann in der Grünanlage verschwand, Richtung Biblioteca Cantonale, genau am Lago di Lugano. Das war eine der seltsamsten und seelenvollsten, dabei für alle Umstehenden am wenigsten zu bemerkenden Begegnungen seines Lebens, schloss der Reporter, der nun gegen Ende des Berichtes doch noch kurz ins Bild kam. Im Hintergrund sah man die Stadt. Dann schwenkte die Kamera noch einmal, geradezu hilflos, nach Süden über den See, dann erwachte er.

Er lag zehn Minuten weiter unbeweglich auf dem Rücken. Um die Bilder von Frau Renault, wie er sie in Ermangelung jeglicher Hinweise auf ihren Namen nannte, nicht zu schnell wegzuwischen. Es waren sehr schöne zehn Minuten. Dann setzte mit aller Macht sein Denken ein. Allerdings außerordentlich entschlossen und zielbewusst. Genau, richtete er sich im Bett auf, die Frau aus Lugano. Die schöne Frau Renault. Ich konnte nie mit ihr sprechen. Eine Frau ohne jede Stimme. Das wäre die eine Frau. So weit, so gut. Wenn ich nun die andere Frau, die mit der lasziven Altstimme in meinem Radio, mit ihr kombiniere, also mit dem Körper von Frau Renault ausstatte, durchglühte es ihn, dann müsste es gelingen, eine herausragende, atemberaubende Frau zu gestalten. Das wäre sie. Ohne Zweifel. Die Frau seines Lebens. Ich hätte Sie bei unserem Telefonat fragen müssen, schüttelte er über sich selbst den Kopf, ob Sie in Italien studiert hat. In Mailand vielleicht. Ob Sie mal in Lugano war. Ob Sie einen blauen Renault fuhr, damals. Aber vertan. Schon wieder etwas versäumt, resümierte er bitter. Wie auf der Viale Castagnola. Dann stand er auf und legte, seinem heißen Kopf Tröstung zu gönnen, Manfredini auf.

Am Dienstag hörte er zum Frühstück kein Radio. Es blieb still in der Küche, schon das Knacken der kurz aufgebackenen, knusprigen Außenhaut des Brötchens erschien ihm als Lärm. Er kaute in Zeitlupe. Die Nacht war bitter kalt geworden. Minus zehn oder noch weitere Celsiusgrade unter Null. Die Feuchtigkeit auf dem Balkon war zur Eisfläche geworden. Die letzten Geranien des vergangenen Sommers, die scheinbar unerschütterlich durch den Herbst hindurch noch weiter kleine Blüten gezaubert hatten, standen aufrecht, aber zu Tode gefroren in seinem einzigen Blumenkasten. „Wieder ein Mahnmal", murmelte er. Es war des erste Mal an diesem Tage, dass er seine Stimme hörte. Bei der Morgenrasur saß Sie heute nicht in Reichweite. Er würde Sie heute sehen. Das wollte er durch keine Handlung gefährden, nivellieren, entwerten.

Auf der Fahrt zum Fluss und in die Stadt spielte er den offenen Kopf für seinen Gedanken. Die einzige Möglichkeit, sich nicht in Gedanken zu verfangen, bestand für ihn in der mühevollen, aber leistbaren Anstrengung, seinen Kopf nur als Durchgangsstation für sie zu sehen. Er stellte seinen Kopf, sein Gehirn, nur als Raststätte zur Verfügung. Die Gedanken sollten nur rasten, nicht sich niederlassen. Nur ein Hotelbett für sie, keine Wohnung, lautete sein Verteidigungscredo. Und so kamen sie, im steten Fluss, mal von rechts, mal von links in seinen Kopf, durchquerten ihn in mäßigem Tempo und traten auf der anderen Seite wieder heraus. Manche sogar in überraschend unversehrter Gestalt, manche zumindest in unverändertem Gehalt. Diese Offenheit und Durchflussfähigkeit seines Kopfes entwickelt zu haben, mit den Mitteln des Kopfes selbst, darauf war er sehr stolz. Ohne dies allerdings je irgend jemandem verraten zu wollen.

Am Schiffsanleger war er eine halbe Stunde zu früh. Das gehörte zu seinem Plan. Die Antonia II. lag längsseits steuerbord am Nordufer des Mains. Sie war dort seit fünf Jahren vertäut und verkettet. Ob sie je diesen Liegeplatz wieder lebend, also eigenmächtig fahrend, würde verlassen können, erschien deutlich mehr als zweifelhaft. Sein Atem stieß kleine warme Atemwölkchen durch die Winterluft. Er ging die gepflasterte Rampe hinunter, betrat dann die schmale Plattform aus Holz. Von dort führte eine kleine Gangway direkt aufs Schiff. Direkt hinter dem Eingang befand sich ein früheres Kassenhäuschen aus der Zeit, als die Antonia II. noch Liniendienst fuhr. Dieses oben im Halbrund verglaste Kassenhäuschen stellte man außer Dienst, indem man es mit Werbeplakaten zuklebte. Begab man sich hinein, blieb zwischen den vierfarbigen Hinweisen auf die kommenden Club- und Silvesterpartys aber immer noch Raum genug, um unerkannt nach draußen zu schauen. Er öffnete das schmale Kassenhaustürchen, zwängte sich mit seinem Mantel hinein und besah sich die Plakatwelt von hinten. Durch die Zwischenräume hatte man einen guten Blick auf ein Stück Uferpromenade, die Gangway und den Eingang ins Schiff. Exakt das, was er benötigte.

Punkt elf Uhr näherte sich eine Person dem Flussufer. Die einzige seit rund zwanzig Minuten, die exakt am Restaurantschild zur Antonia II. kurz verharrte, den Blick schweifen ließ, dann den Weg hinunter zum Schiff einschlug. Das musste die laszive Altstimme sein. Es war Ihr Termindiktat. Und Ihre Stunde war da. Und sein Herz hämmerte. Was er aus seinem Versteck langsam und behäbig auf sich zukommen sah, in der kaltgrauen Winterluft, war, das nahm er sofort und ohne jeden Filter wahr, nicht Frau Renault. Und er hatte dabei bereits abgezogen, dass es nicht Sommer war und sie sich nicht in Lugano befanden. Sie kam näher, die laszive Altstimme. Sie betrat die Gangway. Hielt sich dabei am Handlauf fest. Ihre rechte Hand klammerte sich daran, als bestiege sie, von schaukelnder Barkasse aus, einen Ozeandampfer bei hohem Wellengang. Die linke Hand klammerte die Handtasche. Das Hämmern in seiner Brust ließ nach, er fühlte sich sicher. Er betrachtete alles offen, ungeschminkt und nüchtern aus seinem Sehschlitz heraus. Ihren dicken Wintermantel mit künstlichem Hermelinkragen, ihr bedrucktes Halstuch, das besser ein wärmender Schal gewesen wäre, ihren kleinkrämpigen und elfenbeinfarbenen Hut, der auf einem Kopf saß, der ihn an eine korpulente Lehrerin seiner Grundschulzeit erinnerte. Die laszive Altstimme hielt am Schiffseingang kurz inne, öffnete den Mantel, suchte nach dem Treppchen hinauf zur Café-Bar. Beim Sehen, Wenden und Schauen bewegte Sie Ihren Kopf nur einen halben Meter von seinen beobachtenden Augen entfernt. Dann trat Sie abrupt aus seinem Sehfeld heraus und er hörte nurmehr Ihre schweren Schritte, die das Obergeschoss erklommen.

Es war nicht seine Grundschullehrerin. Nein. Zwei offensichtliche Gründe sprachen dagegen: Sie wäre jetzt gut neunzig Jahre alt und sie hatte niemals auch nur das Leiseste von Musik verstanden. Was unter anderem ihr Gesangsunterricht verriet. Und ihr Gesicht war so rund, so amorph und hässlich, dass er damals zum ersten Mal von den Acht- und Neuntklässlern in seiner Schule Bezeichnungen über einen Menschen hörte, die er bis heute nicht vergessen konnte. Und wollte. An manch einen Satz konnte er sich wortwörtlich erinnern. Die sieht aus wie eine verschrammte Telefonzelle, zum Beispiel. Oder: Sie sieht uns an wie ein Kühlschrank von hinten. Solche Vergleiche waren damals beliebt. Er übernahm diese Formulierungen gern, fühlte sich mächtig dabei, ungeachtet der Tatsache, dass er damals, als Neun- und Zehnjähriger, noch nie einen Kühlschrank von hinten gesehen hatte.

Es war ihm klar, dass er nur wenige Minuten zur Verfügung hatte. Er wusste, warm geworden im Wintermantel im beengten, ausgedienten Kassenhäuschen, dass eine Entscheidung anstand. Er musste nun hineingehen in die Bar. Oder er musste damit rechnen, dass Sie in spätestens fünf Minuten das Schiff wieder verließ. Die Entscheidung, die er traf, schnell und ohne Gegengedanken, verwandelte die Wärme in ihm in Hitze. Und die trieb ihn erst aus dem Häuschen, dann aus dem Schiff, dann auf die Gangway. Er zog seine Handschuhe über, löste vier Muttern, die zwei Holzplanken auf der Gangway in Position hielten, stieß die langen Gewindeschrauben nach unten durch ins Wasser, klappte die Winkelverstrebungen weg, verklemmte die beiden Holzplanken danach leicht in einen Winkel von 95 Grad zur Eisenkonstruktion, so dass sie optisch unverdächtig wirkten, nicht gleich zwischen den Trägern durchfielen, aber gleichzeitig keiner auch nur geringen Belastung stand halten konnten. Dann überstieg er mit einem weiten Schritt seine persönliche Baustelle und trat den Weg zur Uferpromenade an.

Es dauerte viel länger als er erwartet hatte. Sie hatte vielleicht die Zeit genutzt, Ihren Milchkaffee in Ruhe auszutrinken, nicht zu hetzen, sondern zu genießen. Gegen elf Uhr und achtzehn Minuten sah er von oben, von der Promenade aus, Ihre Gestalt wieder auftauchen in der Tür des Restaurantschiffs, das Hütchen weiter obenauf. Sie knöpfte den Mantel zu, zupfte das Halstuch zurecht und trat dann Ihren letzten Weg an. Die Planken sieben und acht, nur rund achtzig Zentimeter vom Schiffskörper entfernt, gaben wie erwartet nach, Sie strauchelte, stieß mit den Ellbogen gegen die festen Nachbarplanken, rutschte dennoch mit dem schweren Leib glatt zwischen den Eisenträgern hindurch, fuhr fast ohne einen platschenden Laut lotrecht hinein ins kalte, schwarze Wasser. Er entdeckte zuerst, dass die Handtasche Ihr vorantrieb gen Westen. Die Fließgeschwindigkeit stimmte, dank der steten Regenfälle im November war der Fluss enorm füllig und schnell geworden. Sie rief nach Hilfe, aber es waren, von der Überraschung und dem Kälteschock gezeichnet, viel zu leise, viel zu verzagte und letztlich einsichtsvoll entmutigte Schreie. Ihre Altstimme klang zudem verzerrt, befand er, und hatte jede Laszivität, jede betörende Geschmeidigkeit und jeden funkelnden Ausdrucks- und Nuancenreichtum eingebüßt.

Kopfschüttelnd schlug er den Weg zu seinem Auto ein.

La Tour du Mariage

Der beste Einstieg. Die grandioseste Eröffnung. Der geniale erste Zug. Manche Debatte verfolgt einen bis in den Schlaf. Bis in den schönsten der Träume. Aber gut, zum Streiten gibt es immer Gründe. Liegt gerade keiner vor, wird einer hergestellt. Zum Beispiel über den allerschönsten ersten Satz einer Geschichte. „Zwei Schüler stehen vor einer Litfaßsäule und spucken auf ein Plakat." Nicht schlecht, denke ich, Genazino, sagt der Aufgeregte in der Ecke. „Wir starten in La Guardia, New York, mit dreistündiger Verspätung infolge Schneestürmen." Max Frisch, Homo faber. Das ist doch nicht grandios, findet der Mürrische in der Ecke gegenüber, das ist hölzern. Er plädiert funkelnder Augen für „Erzähl Du. Nein, erzählen Sie!" Günter Grass, Hundejahre. Umständlich, findet die Blondierte am Tisch, nur Form, kein Gehalt. Nein, sagt sie und legt beide Hände flach auf den Tisch, der erste Satz muss Sogwirkung haben. Und da bliebe nur der Klassiker. Ernest, setzt sie hinzu, Ernest: „Wir hatten die Kreuzung vor Mittag erreicht und versehentlich einen französischen Zivilisten erschossen." Die Worte schweben durch den Raum wie Rauch aus einer Havanna, als würden sie im Kollektiv nachgeschmeckt. Sehr kraftvoll, werfe ich ein, aber schön? Einer der schönsten ersten Sätze überhaupt ist doch von 1850. Und im Grunde noch viel älter. „In den alten Zeiten, wo das Wünschen noch geholfen hat ...", fange ich an. Märchen!, trötet es missbilligend aus dem Halbdunkel. Idioten, denke ich.

Und erwache. Mit einem Anfang im Kopf. „Das morgendliche Erwachen beginnt, wenn man bin sagt und jetzt." Christopher Isherwood, A Single Man, Originalausgabe 1964, deutsch: Der Einzelgänger. Ich lächle. Funktioniert wie ein Lexikon, dieser Kopf, denke ich. Aber ich sage nichts beim Aufwachen. Ich arbeite. Ich arbeite mich aus den Kissen, aus der Wärme, aus dem Magnetismus der Liegestatt. Einfach nur Bett möchte ich dieses Jugendstil-Möbel nicht nennen. Diese breite, opulente Liegestatt hat mich sehr lange umfangen und festgehalten. Über neun behagliche Stunden. Nun lässt sie mich nicht einfach frei, nein, ich habe mir das mit Aufwand und Einsatz zu verdienen. Über mir das Tonnengewölbe des Fürstenzimmers, viertes Geschoss im Turm, stolze sechs Meter und siebzig hoch, 1908 ausgemalt von Fritz Hegenbart. Die Morgensonne sticht waagerecht durch die Fensterreihe im Osten. Ich bin auf den Beinen und auf dem Weg in die kleine, winklige Kochnische an der Südwestecke. Während ich die gestrichenen Löffel mit dem Kaffeepulver abzähle, dringt ein tiefer, warmer, satter und mächtiger Sirenenton in meine Ohren, aus der Ferne, aber nicht aus der Erinnerung. Ich lächle schon wieder, dann schweift mein Blick hinaus. Die Sirene verklingt. Draußen, in einer weiten Bucht, liegt ein schneeweißer Dampfer vor Anker.

Mir rutscht der Kaffeelöffel aus der Rechten. Das Pulver segelt herab. Außerdem steht mir der Mund offen, die Morgenkühle zieht mir die Backenzähne entlang. Ich befeuchte das Zahnfleisch mit der Zunge, löse mich aus der Starre, drehe um, begebe mich zum Stuhl mit meiner Kleidung. Alles noch da, alles wie gestern. Immerhin. Ich stürze in die Hose, falle in das Hemd, drücke die nackten Füße in die Halbschuhe, fahre mit dem Naturkamm meiner Hände durchs Haar. Auf dem Weg durchs Treppenhaus nach unten wird mir meine Überstürzung, meine Fahrigkeit bewusst. Sie ist mir vollkommen egal. Manches noch da, aber nichts wie gestern. Der weiße Dampfer steht mir vor Augen. Unterm Nachthimmel in der Eingangshalle und vor dem Kussmosaik von Friedrich Wilhelm Kleukens halte ich kurz inne. Sinnlos: Durchs Glas der Eingangstür bereits kann ich den Kiesweg erkennen, die Olivenbäume, die Palmfarne, die Agaven, die Pinien.

Ich trete langsam aus der Tür und drei Schritte vor, drehe mich um, blicke nach oben. Der Turmkörper aus dunkelrotem Torfbrandklinker scheint wie immer. Über dem Portal die Sandsteinplatte. Wie immer. Die vier Figuren von Heinrich Jobst. Die vier personalisierten Herrschertugenden Stärke, Weisheit, Gerechtigkeit und Milde. Aber das Schachbrettmuster vor dem Turmportal? Weg. Dabei kann ich mich so gut daran erinnern. Stattdessen stehe ich in der Morgensonne auf einer Kiesfläche und blicke auf eine Granitplatte mit Inschrift, rund fünfzig Zentimeter über dem Boden ruhend, dem Betrachter zugeneigt. „La Tour du Mariage", lese ich, „1911–1914".

Ich benötige nun Stärke und Weisheit. So viel wird mir in einer Zehntelsekunde klar. Darüber hinaus wären Ruhe, Übersicht, Erkenntnis und Wissen nützlich. Die Morgenluft umgibt mich warm. Die Fächer der hohen Palmen zittern im Wind. In mir zittert es auch. Ohne Beschluss, nur einem äußeren Anstoß folgend, dem ich nicht im Wege stehe, tragen mich meine Beine fort, nach oben, den Weg hinauf, der sich in zwei sanften Kurven schlängelt zu einer Terrasse mit Balustrude. Die kräftigen, untersetzten, stämmigen Baluster erheitern mich. Ich kann nichts dagegen tun. Ich will auch nicht. Ich benötige zurzeit jeden noch so kleinen Krümel Erheiterung. Ich steuere auf eine Gruppe zu, die um einen Tisch herum sitzt und Sprizz trinkt, das einstige Darmstädter Szenegetränk, das in seinen Ursprüngen aber wahrscheinlich doch aus der Region Venetien stammt. Dort war Sprizz einst der Aperitif für den frühen Abend. Die Gruppe aus Deutsch plaudernden Fünfzigjährigen, die ich ansteuere, trinkt den Mix aus Prosecco und Apérol mit Zitronen- oder Orangenzesten auf gehörig Eis aber eindeutig als Vormittagsaufreger. Ich stelle mich hin und frage: „Wo bin ich?" Im Les Tourelles, höre ich. „Im Les Tourelles", blubbert es aus mir heraus. Ja, da sind sie, wiederholt einer, „und zwar auf der Terrasse des Schlosses sowie im Augenblick am Tisch der Familien Krämer und Rückert." Der Mann grinst mich an. Es liegt entweder an mir oder am Sprizz. „Und wie spät ist es?", sagt mein Mund. „Sie kommen doch grad aus dem Turm zu uns. Ich hab sie doch gesehen", meint der Grinser, „und da haben sie doch `ne große eigene Sonnenuhr". Richtig, fällt mir ein, die Sonnenuhr. Die Sonnenuhr mit den zwölf Tierkreiszeichen, ebenfalls von Kleukens. Ich drehe mich zu ihr um, aber die Sonnenuhr ist von den Zweigen der Zedern und Pinien verdeckt. Dafür fällt mein Blick durch die Zweige hindurch wieder auf einige Stücke Meeresblau der Bucht. „Mit Verlaub", ringe ich mir ab, ohne den Grinser dabei anzusehen, „aber das hier ist nicht Darmstadt, korrekt?" Alle acht um den Tisch lachen prustend los, dabei den Rest von Sprizz aus ihren jeweiligen Mundhöhlen über dem Luftraum des Tisches feinfeucht verteilend, so lauthals und kraftvoll und befreit wie während einer Sitzung der elf wichtigsten Karnevalsvereine Darmstadts im Wissenschafts- und Kongresszentrum am Schlossgraben. „Alle unner aaner Kapp", um es hessisch zu sagen.

Ich verabschiede mich grußlos. Jemand ruft „Sprizz!" und eine Kellnerin im schwarzen Mini, darüber ein putziges, kleines weißes Schürzchen, stöckelt heran, an mir vorbei, gekonnt knapp. Ich rieche ihr Parfum noch mehrere Schritte weit. La Tour du Mariage, denke ich. Zeitgleich biege ich um die Gartenfront des Schlösschens. Die von alten Palmen in engem Takt gesäumte, leicht gebogene Anfahrt zum Haupteingang verzückt mich. Sie ist atemberaubend. Sie ist die zur Synthese gebrachte Anmutung von Los Angeles und … und … und genau dieses Zweite, jenes Andere, das fehlt mir. Heißt es vielleicht „Jardin Provencal"? Jedenfalls bleibe ich an einem Schaukasten mit Speisekarte an der Hausfassade hängen. Die Küche des „Jardin Provencal" lädt ein. Filet de daurade sébaste à la créme de brocoli. Frankreich also, denke ich. Streifenbrassen-Filet mit Brokkolicreme. Nein, jetzt nicht. So kurz nach dem ausgefallenen Frühstück ist Fisch nicht das Richtige. Paupiette de boeuf à la provencale. Povencalische Rindfleischroulade. Die Provence also. Erstaunlich. Und mitten drin acht Karnevalisten deutscher Zunge, die Sprizz trinken und feinfeucht lachen. Außerdem bin ich vor fünfzehn Minuten in Darmstadt aufgewacht. Mathildenhöhe. Hochzeitsturm. Auf diese Weise komme ich nicht weiter, spreche ich vor mich hin. Ich höre den Klang meiner Stimme, ich erkenne meine Sprache wieder. Es war kein Französisch.

Warum nicht Hinsetzen? Warum nicht einen Kaffee trinken? Warum nicht um die nächste Gebäudeecke gehen? Diesmal entscheide ich mich bewusst, und zwar für Letzteres. Über den groben und erstaunlich laut knirschenden Kies, der bis zum Sockel des Gebäudes reicht, strebe ich dieser nächsten Ecke zu, biege nach links ab. Halb im Gebäudeschatten, im Kreis um eine unsichtbare, weibliche Stimme herum, ist eine kleine Menschenmenge versammelt. Ich mische mich drunter wie Cary Grant in der Auktionsszene von Hitchcocks *Der unsichtbare Dritte*. Aber ich gebe keine Gebote ab. Ich höre zu. „Zu den berühmtesten Persönlichkeiten von ganz Frankreich gehört zweifellos Léon Gaumont", sagt die unsichtbare Frau. Gaumont? Léon Gaumont? „1895 gründete der französische Filmpionier das Unternehmen Société L. Gaumont et compagnie, um fotografische Apparate zu bauen und zu verkaufen. Gaumont stieg später in die Filmproduktion ein. Alice Guy-Blaché, ursprünglich Gaumonts Sekretärin, wurde ab 1897 die künstlerische Leiterin des Unternehmens und Regisseurin fast aller bei Gaumont produzierten Filme. Unter Guy-Blachés Ägide entwickelte sich erstmals ein filmischer Stil, der über das reine Abfilmen von Straßensituationen hinausging. Ihr folgten Regisseure wie Louis Feuillade, der die Fantômas-Serie für Gaumont realisierte, Jacques Feyder, Marcel L'Herbier oder Claude Autant-Lara." Soso. Und auf diese Weise, denke ich, komme ich auch nicht weiter. Nicht entscheidend weiter auf alle Fälle. „Hier stehen wir nun direkt vor dem Chateau Gaumont. Das Belle-Epoque-Schloss wurde zu Beginn des 20. Jahrhunderts errichtet und thront regelrecht über der Stadt. Wegen seiner kleinen Türmchen links und rechts nennen es die Menschen auch Les Tourelles." Das habe ich schon mal gehört. Zum ersten Mal komme ich weiter. Les Tourelles. Ja! „Im Les Tourelles" fährt die Stimme ohne sichtbaren Körper fort, „gründeten Léon Gaumont und sein Bruder um 1906 die französische Filmindustrie. Sozusagen. Beide zählen damit zu den Pionieren des kulturindustriellen Zeitalters – und der exotisch anmutende Palmenpark zwischen ihrem Schloss und der Küstenstraße gab vor dem Ersten Weltkrieg für viele kleine Filmproduktionen eine ausgezeichnete Filmkulisse ab." Aus welchen Gründen immer, die Menschen spenden spontan Applaus. Als hätte die Stimme etwas mit diesem Haus, diesem Park, dieser Filmfirma zu schaffen. Aber bitte, vielleicht gehört die Stimme ja der Enkelin von Léon Gaumont. Wer weiß. Ich seh sie ja nicht. „Lassen sie uns bitte nun den Park hinunter zum Hochzeitsturm gehen", höre ich ihre Zielvorgabe. Ich zucke und denke: Da bin ich aber gespannt.

Die Gruppe bewegt sich äußerst behäbig von der Stelle. Ich, von meiner Mentalität her das krasse Gegenbild zum Touristen in der Gruppe, bin exakt zwischen solche geraten. Und dies aus freien Stücken. Sie haben viel Zeit. Sie behindern mich. Sie drücken. Sie rempeln. Sie schwatzen durcheinander. Sie debattieren, was sie nachher essen. Vielleicht die Paupiette de boeuf à la provencale. Immerhin, sie geben mir in all ihrer unbekümmerten Behäbigkeit Stück für Stück den Blick frei auf die Enkelin von Léon Gaumont. Diese geht ums Haus herum der Menge langsam voraus. Ich versuche, etwas Boden gutzumachen, ich möchte sie nicht nur von hinten sehen. Da dreht sie sich unvermittelt um und setzt zum Sprechen an. Kommt aber zu keinem einzigen Wort mehr.

„Sandrine!", rufe ich.

Sie lächelt mit verwundert hochgezogenen Augenbrauen.

„Sandrine Bonnaire!", ergänze ich.

„Kennen wir uns?"

„Aber selbstverständlich! Aus der *Schachspielerin*. Aus dem *Hals der Giraffe*. Und aus *Die Frau des Leuchtturmwärters*. Eine faszinierende Arbeit von Caroline Bottaro. Sie waren hinreißend!"

Sie lächelt professionell, aber keinesfalls unecht. Sandrine Bonnaire, geboren 1967, ist eine französische Filmschauspielerin. Was sie hier tut mit einer Gruppe unbekümmert behäbiger Touristen im Les Tourelles, ist mir ein Rätsel. Aber ich muss es ja nicht lösen. Ich kann gar nicht. Dass ich Sandrine hier treffe, dass ich sie überhaupt treffe, grenzt an Manipulation. Wenn Sandrine lächelt, lächeln zwei Gesichter. Mindestens. Fast so wie bei Julia Roberts. Deren Mund ja ähnliche Ausmaße annimmt beim unwirklich zahnlückenlosen Lachen.

„Sie sind außerordentlich, Sandrine. Und ihre Darstellung in *Intime Fremde* überzeugt vor allem dann, wenn sie so alltäglich apart sind, wenn sie so unbeobachtet aussehen wie … wie … wie …".

Mir fällt kein Vergleich ein. Schon zum zweiten Mal heute Morgen. Dann lass ich es halt. Sie kommt derweil drei Schritte auf mich zu. Gnadenlos betörend.

„Und ich dachte, sie leben in Paris", bringe ich heraus.

Sie zeigt übergangslos ihre 84 hellweißen und wunderhübsch gereihten Zähne und lässt ihre Augen wetterleuchten.

„Und jetzt bin ich eben in Sainte-Maxime", spricht sie.

„Wo sind wir?"

„Saint-Maxime."

Ich wiederhole den Namen. Diese Einfalt beschämt mich fast. Aber es kommt doch zu überraschend. Sainte-Maxime. Was, zum Teufel mit meiner Erinnerung, treibe ich in Sainte-Maxime? Ich treffe Sandrine Bonnaire. Und die Familien Krämer und Rückert, die allesamt Sprizz trinken und eventuell nachher noch provencalische Rinderoulade essen. Oder doch eher das Filet mignon de porc à l' abricot. Wer weiß. Der Rätsel sind viele. Und das Wetter ist filmreif. Die Sonne scheint prall, aber nicht zu heiß, vom Meer hoch weht ein ganz sparsam gesalztes Lüftchen.

„Meine Damen und Herren, hier stehen wir vor dem Tour du Mariage, dem Hochzeitsturm. 1908 wurde er erstmals in Darmstadt errichtet auf der dortigen Mathildenhöhe, umgeben von einer Künstlerkolonie."

Sandrine macht auch dies hinreißend. Ich hänge an ihren Lippen. Die wiederum ihre 84 Zähne zärtlich kosen und elegant umschwärmen. Warum bloß hat William

Hurt einst diese Sandrine ziehen lassen? Keinen blassen Schimmer. Unerklärlich.

„Der Turm gilt als eines der markantesten und monumentalsten Beispiele für die Architektur im Art Nouveau, dem Jugendstil. Darmstadt hatte sich zum Zentrum des Jugendstils in Deutschland entwickelt. Motor dieser Entwicklung war Großherzog Ernst Ludwig von Hessen und bei Rhein. Seine Eltern waren Großherzog Ludwig IV. und dessen Frau Alice von Großbritannien und Irland, zudem war er ein Enkel von Königin Viktoria. Seine Schwester Alix heiratete übrigens den russischen Zaren Nikolaus II. Aber zurück zu Ernst-Ludwig: 1899 berief er sieben junge Künstler nach Darmstadt in die Künstlerkolonie. Weithin sichtbares Wahrzeichen wurde der Hochzeitsturm, ein Werk des Gestalters und Architekten Joseph Maria Olbrich und initiiert als Geschenk der Darmstädter Bürgerschaft zur Eheschließung von Ernst-Ludwig und Prinzessin Eleonore im Jahre 1905. Die Mathildenhöhe gilt heute als das kunsthistorisch wertvollste Jugendstilensemble in Deutschland. Darmstadt war auch das geistige Zentrum der theoretischen Diskussion über den neuen Stil. Neben Olbrich waren Hans Christiansen, Ludwig Habich und Patriz Huber und … äh … und …“

Hier kommt Sandrine etwas aus dem Tritt. Sie sucht und sucht und findet nicht. Ich kenne das mehr als genug. Seit heute morgen. Aber hier kann ich helfen.

„Peter Behrens!“, rufe ich.

„ … und Peter Behrens bedeutende Künstler innerhalb der sogenannten Darmstädter Sieben.“

Wieder spenden die Menschen Applaus. Sandrine holt tief Luft.

„Und nun möchten sie wissen, wie es zur Realisierung eines Tour du Mariage in Sainte-Maxime kam. Nun, Großherzog Ernst-Ludwig war nicht nur regelmäßig in Wien als damals wichtigem Zentrum der modernen Kunst der Jahrhundertwende und der Zeit bis zum Ersten Weltkrieg. Er kam auch zur Erholung an die Cote d`Azur. Schon seit Mitte des 19. Jahrhunderts suchten viele Köpfe des europäischen Hochadels hier an der Küste rund um Cannes und Nizza nach Wärme, Kunstgenuss und Inspiration. Die russische Zarenfamilie war hier, Königin Victoria war zu Gast, nach 1906 auch Großherzog Ernst-Ludwig. Bei einem gemeinsamen Besuch von Ernst-Ludwig und Olbrich im Winter 1907 trafen sie mit Léon Gaumont zusammen. Dieser war von den Plänen eines Turmes mit fünf Fingern so begeistert, dass er darum bat, eine Kopie des Darmstädter Bauwerkes am südwestlichen Ende des Parkgeländes von Les Tourelles errichten zu dürfen. Gaumont hat das Vorhaben auch finanziert. Der Tour du Mariage, begonnen 1911, ist wie sein Vorbild in Deutschland 48,5 Meter hoch, auch die Innenausstattung und sämtliche Kunstwerke und Applikationen im Bau und am Bau wurden als Kopie kunsthandwerklich erstellt. Olbrich konnte das Projekt hier in Südfrankreich allerdings nicht mehr selbst umsetzen. Er starb, nur 40 Jahre alt, 1908 in Düsseldorf an Leukämie. An seiner Stelle übernahm sein ehemaliger Assistent, Professor Hans Heller, die Bauaufsicht. 1914 wurde der Turm in Sainte-Maxime eingeweiht. Léon Gaumont hatte immer vor, im Hochzeitszimmer des Turmes auch einmal selbst zu heiraten. Das blieb ihm aber leider verwehrt."

Wieder Applaus für Sandrine. Diesmal klatsche ich mit. Ohne nachzudenken.

„Sandrine!"

„Ja, bitte?"

„Bitte gehen Sie nicht. Wo müssen Sie denn jetzt so schnell hin?"

„Sie möchten aber auch alles wissen."

So, wie sie beim Gehen ihre Schultern zu mir dreht und ihre Hüfte beinahe jugendlich nachschwingt, möchte ich tatsächlich alles wissen. Und zwar sofort.

„Ich gehe kurz runter zum Hafen", sagt sie im Gehen.

„Und dann?"

„Dann besteige ich eines der Bateaux verts."

„Und dann?"

„Dann fahre ich zehn Minuten mit einem dieser grünen Boote."

„Und wohin?"

„Direkt über den Golf nach Saint-Tropez, wo ich zurzeit wohne."

Verschwinden über den Golf. Ein solches Vorhaben gilt es mit aller Macht zu verhindern.

„Darf ich Sie vorher noch zu mir in den Turm einladen?"

Sie bleibt abrupt stehen.

„Zu Ihnen in den Turm? Sie leben im Turm?"

„Neinneinnein, leben nicht, aber – lesen und schreiben."

„Ach, Sie wiederholen dort ein paar Einheiten Grundschule."

Entzückend, diese Sandrine. Sie steckt doch voller anmutig verpackter Rauflust. Aber bitte, die Wahrheit wird einem ohnehin nicht geglaubt.

„Nicht ganz. Ich zeig Ihnen einfach, was ich da mache."

„Und mein grünes Boot?"

„Das nächste kommt bestimmt."

„Bon. Dix minutes, Monsieur", beschließt sie.

Im Darmstädter Turm gibt es längst einen Aufzug. Und viele andere den

Weltkriegsbeschädigungen und Nachkriegsgeschmäckern geschuldete Umbauten. Hier in Sainte-Maxime überdauerte der Turm quasi im Originalzustand. Olbrich, Kleukens, Jobst, Philipp Otto Schäfer und andere – ganz pur.

Wir nehmen die Treppe.

„Und Sie sind ganz allein hier?", fragt sie, vor mir hinansteigend.

Ihr knielanges, elfenbeinfarbenes, darüber grün-blau-schwarz gesprenkeltes Sommerkleid kenne ich aus *Intime Fremde*. Bevor ich antworte, halte ich etwas mehr Abstand zu ihr, genieße ihren leise schwingenden Rock und den rhythmisch freier werdenden Blick auf ihre Beine.

„Ganz allein", bestätige ich, die Silben dehnend, „ganz all-lein."

„Und wie lange leben Sie schon hier?"

„Ich bin nur hier für ein Jahr. Zum Arbeiten."

Wir kommen zum Zimmer des Großherzogs. Also meinem.

„Hier bitte links abbiegen", weise ich an.

„Fantastique!", ruft Sandrine zwei Sekunden später aus und dreht sich zweimal um die eigenen Achse.

„Ja, gebe ich zu, „es ist beeindruckend."

„Merveilleux", flüstert sie, „fabuleux."

„Das freut mich. Ja, es ist eine bescheidene, aber qualitativ anspruchsvoll ausgestattete Hütte."

„Hütte!", schimpft sie mich spielerisch, um dann den Weg zum Fenster einzuschlagen, eine Art gutturalen Laut der Überraschung auszusenden und danach zu schwärmen: „Und der Blick! Man sieht den Golf von hier oben."

„Ja, und seit heute morgen ankert da mitten drin auch ein unglaublich dicker Dampfer. Wahrlich ein Dickschiff."

„Die Costa Patrizia", präzisiert Sandrine, „und zum Glück", strahlt sie mich an, „blieb diese auch nirgendwo hängen!" Sie lacht ungeniert fröhlich über das Schicksal der Costa Concordia hinweg. Keine falsche Scham, kein gespieltes Entsetzen. Keine maskierte Schadenfreude, stattdessen ganz offene. War ja auch Italien. Hier sind wir in Frankreich.

„Morgen Abend", senkt sie die Stimme, „gibt der Kapitän der Patrizia ein sogenanntes Gala-Diner – für die gesamte Haute-Volée, die gesamte langweilige Saint-Tropez-Schickeria. Das Übliche, wenn Sie so wollen. Ich bin freundlich gezwungen, daran teilzunehmen. Und ich darf das nicht ausschlagen, jetzt, wo sie in Erfahrung gebracht haben, dass ich vorübergehend in Saint-Tropez wohne. Kevin Kline kommt übrigens auch."

„Ach. Ihr Partner aus der *Schachspielerin*. Gute Rolle."

„Als Dr. Kröger."

„Der verschrobene Schach-Einsiedler."

„Exakt. Aber jetzt etwas anderes. Hätten Sie Lust, mich zu begleiten?"

„Wohin begleiten? Aufs Schiff?"

„Morgen, 19 Uhr."

Sandrine legt ein enormes Tempo vor.

„Ich weiß nicht", versuche ich Zeit zu gewinnen, „bei so großen Schiffen beschleicht mich stets ein ungutes Gefühl. Außerdem gilt ja die Regel: Auf See, vor Gericht und in Begleitung einer bezaubernden Frau ist man allein in Gottes Hand."

Ihre Mundwinkel ziehen sich amüsiert auseinander. Die reine Gnade.

„Aber ich wäre doch bei Ihnen", flötet sie, „und Gottes Hand könnte ja auch beruhigend wirken."

Sehr überzeugend, Sandrine. Und nicht mal geschauspielert. Und wenn doch, auch egal.

„Gut, morgen, 19 Uhr, Costa Patrizia. Ich komme in voller Garderobe rüber mit dem Bateau vert. Davor möchte ich Ihnen aber noch was zeigen."

„Noch mehr zeigen? Was denn?"

„Den Stock höher, den fünften. Da bin ich oft. Einst das Zimmer für Prinzessin Eleonore zu Solms-Hohensolms-Lich. Mit vergoldeter Stuckdecke. Mit umlaufenden Fresken. Dazu eine noch bessere Aussicht. Heute ist es das Trauzimmer."

Das war sehr viel auf einmal. Sandrine wirkt irritiert. Was ich verstehen kann.

„Die Verbindung von Renaissance- und Jugendstilelementen dort oben ist den Blick wert", versuche ich eine strikte Versachlichung des Angebots. „Folgen Sie mir."

Wann, bitte, sagt man einen solchen Satz schon einmal zu Sandrine Bonnaire? Und so entschlossen. Und so unwiderstehlich. Und so siegesgewiss.

Wir nehmen die Stufen zum fünften Obergeschoss. Diesmal gehe ich voraus. Die Kühle im Turm wirkt sehr angenehm. Vor der Tür zum Trauzimmer bleibe ich kurz stehen, drehe mich um und sage: „Glauben Sie mir: Es wird sich lohnen." Dann klopfe ich mit dem linken Zeigefinger auf das Türschild.

Sie bleibt stehen. Liest. Stutzt. Lächelt.

„Da steht nicht Trauzimmer."

Vielleicht wieder ein Späßchen. Ich traue ihr alles zu. Aber ich komme ihr entgegen, stelle mich exakt vors Türschild, setze die Brille auf. Trotzdem liest sie mir vor, leise, fast summend, beinahe so, als tröste sie mich:

„Da steht Traumzimmer."

alte Höhe
178,30
m ü. NN

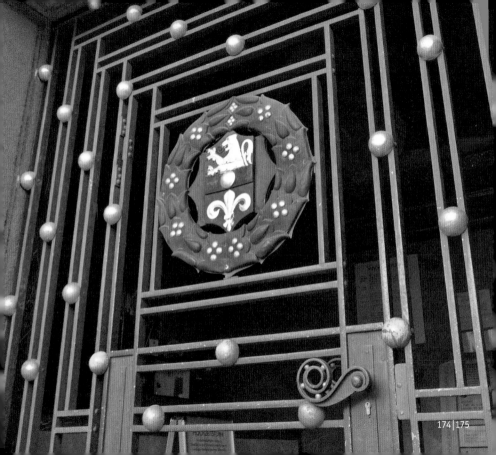

ERNST LUDWIG
ELEONORE

INSTITUT
MATHILDENHÖHE
DARMSTADT

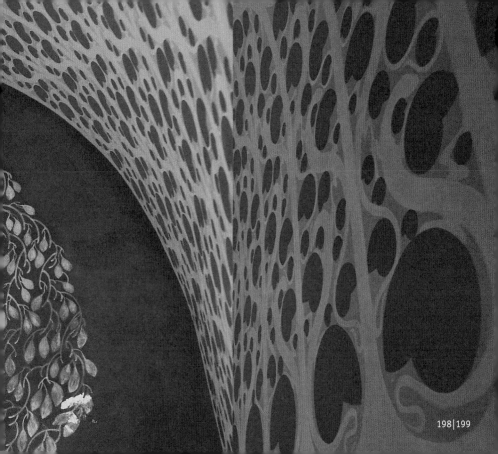

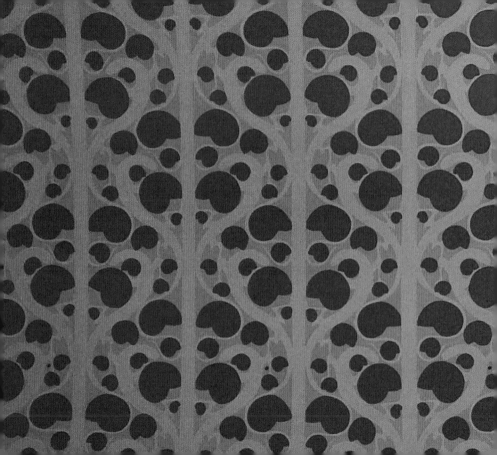

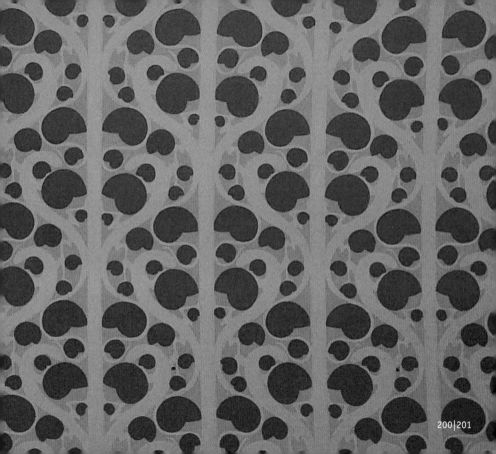

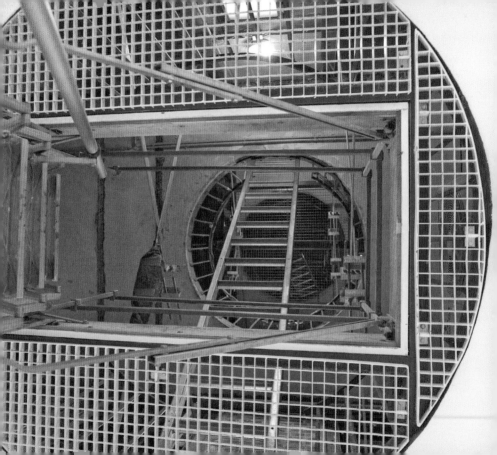

MARIE LIESE THEE
Boenhar

BIAGIO
DeS

BASCHAR   SHNKJF

INO   KONNY

Autore
Domenico
1968 BN

K.K.
+ E. M. D. A.
DALIA ITALIANI
BN 1977
Ds JM   Josef +
FRANCO
BERNARD

17.5.1963 STEVE
15.8.64   LOVES
VICKI a   ANTONIO

22/5/77
SIMON   Monika BECKER
Dinst
GUTENBERGStr 38
KIM

KAROLAPL?

ESPAÑA

Metz.

KURT

Sunny

Ursula Heinrike 67.65

MESSNG

GÜ

1947

Geb. 2.6.44.

Rol
Waldhaus Br
7.6 x 8.60
Du, musst

WALTRAUE

love you
Pete!
DeMike

I love you
Thomas!
DEINE Gabi

HELMUT

220|221

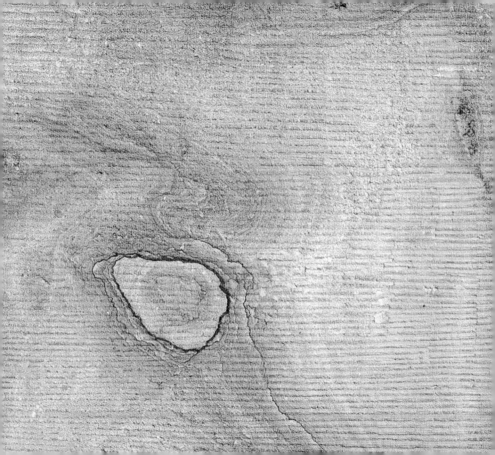

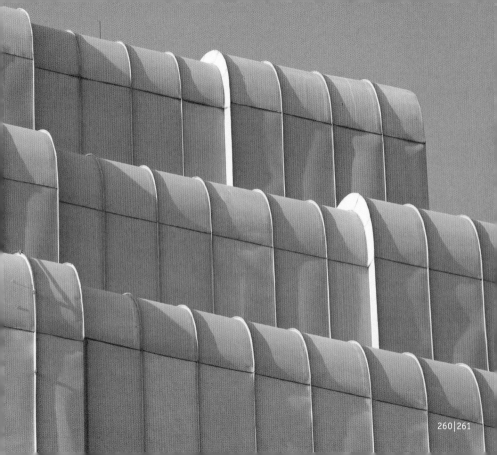

2781279

DU SÜSSER BRUNNEN
FÜR DEN DÜRSTENDEN
IN DER WÜSTE

ER IST VERSCHLOSSEN
FÜR DEN
DER REDET

ER IST OFFEN
FÜR DEN
DER SCHWEIGT

KOMMT DER SCHWEIGENDE
SO FINDET ER
DEN BRUNNEN

BILDLEGENDEN Kurzgeschichten zu den Fotos. | **12** Turmkrone des Hochzeitsturms mit schwarz-violett glasierten Verblendziegeln, die das auf den Stufengiebel strahlende Sonnenlicht goldglänzend reflektieren und ihn gleichsam immaterialisieren (Ralf Beil) | **16/17** Die Vorstellung des 1. Darmstädter Turmschreibers, PH Gruner, am Blindenmodell der Turms mit (von links) Alfred Helfman, Günter Körner, OB Jochen Partsch, Fotos: Claus Völker | **18-33** Der Autor auf dem Weg zum und im Turm | **34/35** ... beim Interview | **36-40, 56, 92, 102** ... bei einer Lesung im Fürstenzimmer im vierten Geschoss des Turms mit dem Autor und Literaturwissenschaftler Bruno Arich-Gertz | **124** La Tour du Mariage „von den Zweigen der Zedern und Pinien verdeckt." (S. 128) | **140-159** Der Hochzeitsturm, weithin sichtbares Wahrzeichen Darmstadts | **160/161** Die Mathildenhöhe mit einer Plastik von Bernhard Hoetger, Hochzeitsturm und Russischer Kapelle | **162/163** Das Blindenmodell vor dem Original | **164/165** Schachbrettmuster vor dem Turmeingang mit angrenzendem Vorplatz zum Ausstellungsgebäude | **166/167** Sandsteinplatte über dem Turmportal von Heinrich Jobst mit den vier personalisierten Herrschertugenden Stärke, Weisheit, Gerechtigkeit und Milde | **168/169** Die im Vor- und Rückversatz reliefierten Torfbrandziegel des Turmkörpers | **170/171** Höhenbolzen „Darmstadt Höhenmessung" (bis 1985 gültiges Höhenbezugssystem)an der mehrfach kubisch gestuften Sockelzone des Turms mit grob verputztem Beton | **172/173** Ornamentik am Turmportal von Friedrich Wilhelm Kleukens | **174/175** Die Eingangstür | **176/177** Schlüsselbund zum Wahrzeichen, Klingelanlage, Aufzugsbedienung | **178/179** Besucherinnen im Turmfoyer mit Blick auf das Mosaik „Der Kuss" | **180-187** „Der Kuss" von Friedrich Wilhelm Kleukens | **188/189** Das gegenüberliegende Mosaik, ebenfalls von Kleukens, zeigt die Darstellung der Fortuna als Begleiterin der Liebenden | **190/191** Der Blattgold-Sternenhimmel von F.W. Kleukens | **192-195** Die Bibliothek des Instituts Mathildenhöhe im ersten Geschoss des Turms, ähnlich im zweiten Geschoss mit Besprechungs- und Arbeitstischen | **196-203** Das Fürstenzimmer im vierten Geschoss des Turms, Ausmalungen des Tonnengewölbes von Fritz Hegenbart in Kaseinfarbe auf Putz | **204/205** Jährlich werden 500 Paare im Hochzeitsturm getraut | **206-211** Das Hochzeitszimmer

Der Hochzeitsturm

Der Darmstädter Großherzog Ernst Ludwig von Hessen und bei Rhein (1868-1937) gründete im Juli 1899 die Künstlerkolonie Mathildenhöhe. Das Gelände, auf dem die Künstlerkolonie Wirklichkeit werden sollte und auf dem später auch Hochzeitsturm und Ausstellungshallen errichtet wurden, war zuvor wegen seiner günstigen, besonnten Lage ein Weinberg (besser: Wingertsberg). Kein schlechter Ausgangspunkt für das Entwickeln von Kunst und Kultur.

Um 1800 bereits hatte Prinz Christian, der jüngere Bruder Ludwigs I., auf dem Hügel einen Park anlegen lassen. Dieser ging 1833 anlässlich der Vermählung des Erbgroßherzogs Ludwig III. mit Gemahlin Mathilde (bis dahin eine königliche Prinzessin von Bayern, Tochter des Bayernkönigs Ludwig I., also eine Wittelsbacherin, aber das nur nebenbei) in deren Besitz über – weshalb bis heute der Hügel den Namen von Mathilde trägt.

Zurück zu Ernst Ludwig: Der von ihm nach Darmstadt berufenen Künstlergemeinschaft – an vorderster Stelle dabei: Joseph Maria Olbrich – stellte er die Mathildenhöhe zur Verfügung (unter deren Kuppe übrigens seit 1880 das städtische Wasserreservoir installiert war, heute außer Diensten, dafür aber eine sehr spezielle Attraktion für Gummistiefeltouristen). Gemeinsam mit dem kunstsinnigen Großherzog entwickelten die Künstler die Idee, die neu geschaffende Kolonie mit ihren Bauten zum Objekt einer ersten Großen Ausstellung auf der Mathildenhöhe zu machen. Diese erste von insgesamt vieren wurde eröffnet am 15. Mai 1901 unter dem Titel „Ein Dokument deutscher Kunst". Ein gleichermaßen ästhetisch wie urbanistisch wirkendes Gesamtkunstwerk war das Ziel aller vier Präsentationen auf dem Musenhügel Darmstadts.

Der 48,5 Meter hohe Hochzeitsturm heißt nicht so, weil das Darmstädter Standesamt dort eine Außenstelle hat und seit 1993 Trauungen im (heute so bezeichneten) Hochzeitszimmer stattfinden. Nein, der Turm trägt den Namen, weil er an die Vermählung von Großherzog Ernst Ludwig mit dessen zweiter Frau, Eleonore zu Solms-Hohensolms-Lich, erinnen soll(te). Das Ja-Wort hatten sich die beiden am 2. Februar 1905 gegeben.

Bis zur dritten großen Ausstellung der Künstlerkolonie Mathildenhöhe – der für 1908 geplanten „Hessischen Landesausstellung für freie und angewandte Kunst" – sollte der Turm im Zusammenklang mit dem Ausstellungsgebäude fertiggestellt sein. Zum Zwecke des Turmbaus zu Darmstadt bewilligte am 1. März 1906 die hierüber debattenreich streitende Darmstädter Stadtverordnetenversammlung 330 000 Mark. Auf Wunsch des Großherzogs erhielt Joseph Maria Olbrich den Planungsauftrag. Im „Darmstädter Tagblatt" vom 3. Juli 1906 erläuterte der Architekt und Gestalter seine Entwurfsideen für die Neubauten auf der Mathildenhöhe mit diesen Worten: „Die senkrechte Masse des Hochzeitsturmes, verbunden mit dem horizontal gelagerten Baukörper des Ausstellungshauses, bildet die monumentale Einheit, die wie ein Wahrzeichen aus dem Stadtgebilde aufwächst" (1).

Diese Formulierung macht deutlich, dass Olbrich von vornherein nicht nur einen mehr oder minder markanten Turm, sondern ganz klar ein akzentsetzendes, charismatisches Bauwerk entwerfen wollte. Und letztlich entwarf. „The outcome is an emblematic building on the highest part of the hill", schreiben etwa die Briten zum „Wedding Tower" (2). Ein „emblematic building" ist ein Gebäude als Symbol, ein Sinnbild, ein Wahrzeichen – im vorliegenden Falle ein Wahrzeichen für Darmstadt. Olbrich ist demnach etwas ganz Seltenes gelungen: Ein Alleinstellungsmerkmal als später „berühmt" werdendes zu planen. In der Regel stellt sich Berühmtheit ein aufgrund historisch schwer kalkulierbarer

Prozesse. Die sind oft von Zufall, Moden, Geschmack und wiederum davon abgeleiteten Urteilen und Fehlurteilen abhängig. Aber Olbrich ist es geglückt, von Beginn an eine Architektur-Ikone der Stadt zu kreieren. Es zu wollen und es zu schaffen.

Die Stadtverwaltung hat den Turm später – in schematischer Vereinfachung – zu ihrem Logo gemacht, viele Illustratoren werden niemals satt im gestalterischen Aufgriff des Fünffingerturmes (3), Künstler arbeiten sich interpretierend an ihm ab, eine Darmstädter Partei lässt die Fünffingerhand der Turmhaube die Faust ballen (4), im Internet gibt es kecke optische Variationen des Turmes zum Beispiel mit – pardon – Stinkefinger, die Arheilger Illustratorin Nicole Schneider lackiert ihm regelmäßig die Fingernägel und der Schweizer Modeschöpfer Albert Kriemler nutzte das Ornamentale des Olbrich-Baus als Druckmotiv auf Teilen seiner Kollektion für Mode-Schauen in Paris (5). Etwas Besseres, mit Verlaub, kann einem Wahrzeichen nicht widerfahren: Es ist in den Sphären von Anerkennung und Bewunderung ebenso wie in jenen von Variation, Ironisierung und lustvoll-liebevoller Verhohnepiepelung allgegenwärtig, anerkannt und unumstritten. Das Wahrzeichen ist im kollektiven Bewusstsein angekommen.

Das Wahrzeichen Hochzeitsturm gliedert sich in einen breiten, mehrstufigen, verputzten Sockel samt Eingangsportal, den aus dunklen Klinkern gemauerten Turmkörper mit expressionistisch um die Ecke gezogenen Fensterbändern sowie eine fünfzinnige, aus dunkel glasierten Ziegeln gemauerte Turmkrone mit Kupferabdeckung. Das Turminnere ist in sieben übereinander liegende Räume gegliedert mit stark unterschiedlicher Raumhöhe. Die Bauausführung lag in den Händen des damaligen Leiters des Stadtbauamtes, August Buxbaum. Der Architekt war später, von 1918 bis 1930, auch Darmstädter Bürgermeister und Baudezernent.

Der Turm an sich wurde zwar pünktlich zur Ausstellung 1908 fertiggestellt, die künstlerische Ausstattung der beiden wichtigsten Räume wurde allerdings erst 1909 beendet. Die große Turmuhr mit dem vergoldeten Zifferblatt auf der Nordseite – Entwurf: Albin Müller – kam erst anlässlich der letzten Ausstellung der Künstlerkolonie dazu: 1914. Das heutige, seit 1993 für Trauungen genutzte Hochzeitszimmer auf Ebene 5 war einst das Zimmer der Großherzogin. Über eine umlaufende Vertäfelung in Rüsterholz ist ein Wandfries zu sehen, angefertigt von Philipp Otto Schäfer. Den 4,40 Meter hohen Raum prägt auch die flache, kassettierte und vergoldete Stuckdecke, der Fußboden ist mit einem geometrischen Muster in Marmor und Terrakotta ausgeführt. Etwa die Hälfte der jährlichen Trauungen Darmstadts finden im Hochzeitsturm statt und selbst Verlobte aus Amerika und Asien wünschen sich diesen Trauort mit seinem einmaligen und authentischen Ambiente. Das Fürstenzimmer in Ebene 4 hat die stolze Höhe von 6,70 Meter, abgeschlossen von einem bemalten Tonnengewölbe. In der Scheitelvignette sind die Initialen des Großherzogs – EL– in einer goldenen Krone abgebildet. Die beiden Wandflächen, mit allegorischer Darstellung auf blauem Grund, wurden vom Maler Fritz Hegenbart in Kaseinfarbe auf Putz ausgeführt. Bis in Fensterhöhe ist der Raum mit einer Wandtäfelung mit Intarsien-Einlagen verkleidet. Der Fußboden besteht aus einem Eichenparkett in Fischgrätmuster.

Die Vollendung der Innenausstattung des Hochzeitsturmes hat Olbrich selbst nicht mehr miterlebt. Das Interessante: Sie widerspricht – trotz vieler diesbezüglicher Entwürfe von Olbrich selbst – in ihrer ästhetisch-dekorativen Opulenz dem längst souverän-formberuhigten architektonischen Stilkanon, den Olbrich für das Äußere seines Turmes wählte. Den allseits floral-rankenden, ornamentalen Zierrat des Jugendstils hatte Olbrich im Außenauftritt des Hochzeitsturms längst abgelegt. Olbrich zeigt sich mit seinem

Turm demnach als Widersprüche duldender Architekt im Übergang vom Jugendstil zur Moderne der Sachlichkeit.

Während der sogenannten „Brandnacht", des größten und vernichtendsten Bombenangriffs auf Darmstadt in der Nacht vom 11. zum 12. September 1944, wurde auch das obere Drittel des Turmes getroffen, das Turmdach zerstört. Obwohl die kupferne Dachdeckung und eine Heizung fehlten, quartierten sich im Turm die „Lehrwerkstätten für bildende Kunst – Künstlerkolonie Darmstadt" (6) ein und nutzten die sichtlich angeschlagene Immobilie ab Februar 1947 für Zwecke des Unterrichts. Erst 1953 wurde das Fünffingerdach wiederhergestellt.

Die Mathildenhöhe als einstige Künstlerkolonie sowie der Jugendstil als solcher hatten in den Nachkriegsjahren kaum Fürsprecher, standen als steinerne Botschafter einer vergangenen Epoche eher in Misskredit, existierten vor einer Wand von Gleichgültigkeit und Ablehnung. Der Geist des Abreißens, Wegräumens und unsensiblen Neuordnens der Nachkriegstädteplaner in den ersten beiden Nachkriegsjahrzehnten riss derweil in Deutschland mindestens so viele Mauern ein wie in den Bombennächten eingestürzt waren. Auch der Hochzeitsturm wurde ausschließlich genutzt, notdürftig geflickt, nicht wertgeschätzt. In den sechziger und siebziger Jahren dienten die Ebenen 2 und 3 als Büro- und Lagerfläche, Ebene Nummer 4 war als Maleratelier vermietet, Ebene 5 stand leer. Da über Jahrzehnte nur zwei Räume im Turm beheizbar waren, entstanden Gebäudeschäden durch grob ungleiche Raumtemperaturen.

Das Vorhaben, den Turm zu seinem 75. Jubiläum der Künstlerkolonie (1974) zu renovieren, blieb liegen. Zurückgestellt. Der Turm hatte keine Lobby. Auch ein im Herbst 1980 dem Magistrat der Stadt vorgelegtes neues Nutzungskonzept für den Hochzeitsturm trug mitnichten zu einer Bereitstellung von Finanzen zur dringend benötigten Instandsetzung bei. 1981 wurde durch die Landesdenkmalpflege Hessen die Mathildenhöhe samt Ausstellungshallen und Hochzeitsturm als „Denkmal von nationaler Bedeutung" eingestuft. Auch dieser Betitelung folgte keine wirkliche Anerkennung des Wertes, sie blieb daher auch ohne jene Konsequenz, die einzig dem Charakter eines gefährdeten „emblematic building" entsprochen hätte: Zuschüsse von Land oder Bund zur überfälligen Sanierung.

Auf halber Höhe der Treppe zum Ausstellungsgebäude ist ein Zierdach, ein Baldachin. Dargestellt ist der Darmstädter Löwe, der ein Schwert geschultert hat und von Tieren und Blumen umgeben ist. Die Kuppel ist von einem Zitat des Großherzogs umfangen: „Hab Ehrfurcht vor dem Alten und Mut, das Neue frisch zu wagen. Bleib treu der eigenen Natur und treu den Menschen, die du liebst."

Eine Kurzform dieses Lebensmottos griff der Förderkreis Hochzeitsturm auf und erklärte es zu seinem eigenen: „Habe Ehrfurcht vor dem Alten und Mut, das Neue zu wagen" (7). 1982 gründete sich der Förderkreis Hochzeitsturm als eingetragener Verein mit dem Ziel, die Erhaltung und Wiederbelebung des Darmstädter Wahrzeichens und inzwischen europäischen Denkmals voranzutreiben und sicherzustellen. Ab 1984 wurde in diesem konservatorischen Sinne beständig Neues gewagt und bewirkt – nämlich neue Sanitäreinrichtungen, neue Elektroinstallationen und eine elektrische Fußbodenheizung in sämtlichen Räumen eingebaut. Die aufwendige Renovierung der ehemaligen Zimmer des großherzoglichen Paares erfolgte 1989 bis 1992. „Zusammen mit der Stadt Darmstadt und über Spenden und Einnahmen aus zahlreichen Aktivitäten wurden seitdem viele Maßnahmen finanziert, die den Turm wieder zu einer besonderen Attraktivität werden ließen. In einem Nutzungsvertrag mit der Stadt ist dem gemeinnützigen Verein der Betrieb des Turmes für die Öffentlichkeit überantwortet. Seit 1986 betreibt der Förderkreis mit eigenem Personal die öffentlich zugänglichen Räume des Turmes samt Aufzug" (8). Letzterer, deutlich „der heikelste Eingriff in die Bausubstanz" (9), trat übrigens am 8. Juni 1986 seine erste Fahrt an.

Ergebnis: Das Wahrzeichen ist nicht nur ein Magnet für Brautpaare, sondern auch Ziel reines Freizeitvergnügens. Verzeichnet werden rund 50 000 Besucher im Jahr.

Im Hochzeitsturm befinden sich heute (Ebene 3 und 4) auch die Bibliothek und ein Teil der Büros des Instituts Mathildenhöhe. Erstmals 1994 formulierte ein Magistratsbeschluss der Stadt das Aufgabenprofil des Instituts im Rahmen einer politischen Zielsetzung: „Das Institut, das seinen Sitz in einigen der berühmten Jugenstil-Gebäuden der ehemaligen Künstlerkolonie Mathildenhöhe hat, ist die städtische Kultureinrichtung, die alle jene Aufgaben wahrnimmt, die in die Bereiche der Bildenden Kunst, des Kunsthandwerks und des Designs sowie in das Feld der kultur- und geisteswissenschaftlichen Arbeit gehören. ... Es ist Ausstellungshaus, wissenschaftliche Einrichtung, Museum, Kunstsammlung und Tagungsort" (10).

Das Institut Mathildenhöhe Darmstadt arbeitet als reputiertes, international ausgerichtetes Mehrspartenhaus der bildenden und angewandten Künste mit dem Schwerpunkt der Erforschung, Präsentation und Vermittlung von Kunst und Kultur seit 1900. Im Ausstellungsgebäude präsentiert es zudem herausragende Sonderschauen zur internationalen Gegenwartskunst.

Die Stadt Darmstadt verfolgt seit geraumer Zeit das Ziel der Aufnahme des Ensembles Mathildenhöhe in die Unesco-Liste des Weltkulturerbes.

Joseph Maria Olbrich

... wurde am 22. Dezember 1867 im österreichischen Troppau geboren. Anders als sein späterer und gleichfalls berühmt werdender Künstlerkolonie-Mitstreiter, der Maler, Grafiker und Architektur autodikaktisch entwickelnde Peter Behrens (1868-1940), verfügte Olbrich über eine theoretische wie praktische Ausbildung im Baufach. 1897 war er Mitbegründer der Vereinigung bildender Künstler Österreichs, einer Abspaltung des Wiener Künstlerhauses, die später unter der Ägide von Gustav Klimt Weltruhm erlangende Wiener Secession. Popularität und Anerkennung erntete Olbrich mit dem Entwurf für seinen ersten großen Auftrag, das Gebäude der Wiener Secession (1898/99), das zu einem Referenzwerk des Wiener Sezessions- oder Jugendstils wurde (seit 2002 hält man dieses Gebäude nicht selten auch in der Hand – als Abbild auf der Rückseite der österreichischen 50-Cent-Euromünze). 1899, nach einem Zusammentreffen mit Großherzog Ernst Ludwig in Wien, berief ihn dieser in die neu zu gründende Künstlerkolonie auf der Mathildenhöhe. Neben Olbrich kamen im Kollektiv der ersten Sieben nach Darmstadt: Hans Christiansen aus Paris, Peter Behrens, Patriz Huber und Paul Bürck aus München, Rudolf Bosselt aus Frankfurt. Aus Darmstadt selbst kam Ludwig Habig.

Olbrich mutierte schnell zum „inoffiziellen Chef der Künstlerkolonie" (11). Er erhielt das höchste Gehalt, wurde hessischer Bürger und 1900 zum Professor ernannt. Die meisten Bauten – darunter auch viele temporäre – wurden von Olbrich im Zusammenhang mit den Ausstellungen der Künstlerkolonie (1901, 1904, 1908) geplant, darunter das Ateliergebäude (Ernst-Ludwig-Haus), die Künstlergebäude inklusive des eigenen am Alexandraweg, die sogenannte Dreihäusergruppe, das „Oberhessische Haus", das „Opel-Haus" als Beitrag für die kleine Siedlung der „Arbeiterhäuser", Hochzeitsturm und Ausstellungsgebäude, das Spielhaus für Prinzessin Elisabeth im Park von Schloss Wolfsgarten oder auch die beiden Brunnenschalen auf dem Luisenplatz nördlich und südlich der Ludwigssäule. Olbrich beteiligte sich auch an großen Wettbewerben in der Stadt wie jenen für das Zentralbad oder den neuen Hauptbahnhof im Westen.

Länger als manch anderes Mitglied blieb Olbrich der Künstlerkolonie durch seine Arbeiten treu. Er entwarf neben den kompletten Inneneinrichtungen für Häuser auch Gegenstände des täglichen Bedarfs in unterschiedlichsten Materialien, unter anderem Keramikgeschirre, Möbelstücke für Darmstädter Firmen oder Musikinstrumente wie den Mand-Olbrich-Flügel. Daneben nutzte er die Chancen des ganzheitlich orientierten Gestaltungsanspruches von Jugendstil- und Lebensreformbewegung und arbeitete auch als Gebrauchsgrafiker und Typograf – oder als Ausstatter für deutsche Transatlantik-Schnelldampfer des Norddeutschen Lloyd wie die „Kronprinzessin Cecilie" (Jungfernfahrt 1907). Olbrich zählt mit seiner integrativ ausgelegten Gestaltungsarbeit zu den bedeutendsten, weil einflussreichsten Künstlerpersönlichkeiten des frühen 20. Jahrhunderts. Er prägte den späteren Berufstypus „Designer" als orientierendes Vorbild wesentlich mit aus.

1906 erhielt Olbrich seinen nächsten und letzten großen Auftrag: Entwurf und Bau des Warenhaus Tietz in Düsseldorf. Ein für seine Zeit monumentales Projekt. Weil es an solchen in Darmstadt mangelte, siedelte er 1907 ins Rheinland über. Kurz nach der Geburt seiner Tochter Marianne starb Joseph Maria Olbrich im Alter von nur vierzig Jahren am 8. August 1908 in Düsseldorf an Leukämie. Wonach er wieder nach Darmstadt zurückkehrte: Sein Grab befindet sich auf dem Alten Friedhof.

Für Darmstadt und Hessen und Deutschland bleibt vor allem der Wert erhalten, den die von Olbrich gestaltete Darmstädter „Stadtkrone" vermittelt. Für den Architekturhistoriker Wolfgang Pehnt sind Idee und Umsetzung der Künstlerkolonie Mathildenhöhe auch „ein Ausrufezeichen der Kulturpolitik" (12): „Man hat mit der ganzen Künstlerkolonie-Ausstellungsserie etwas betrieben, was man heute Kulturwirtschaft nennen würde." Mit Hilfe der Kultur sei „Stadtentwicklungspolitik" betrieben worden: Summa summarum „ein sehr aktueller Gesichtspunkt".

Dabei bleibe unglaublich viel mit dem Namen Olbrich verbunden. „Mit Joseph Maria Olbrich ist jemand aufgetreten, wie wir ihn heute als Architekten-Star kennen. Wenn man Beschreibungen von damals liest, wird er leuchtend wie ein Meteor oder als Mann des noch nie Dagewesenen geschildert. Das klingt wie eine Beschreibung von Frank O' Gehry oder Daniel Liebeskind. Das Phänomen des großen Künstler-Architekten, des Stars, ist auch damals schon akut gewesen."

Hat aber der Hochzeitsturm noch so viel mit Jugendstil zu schaffen? Hat Olbrich ihn mit den vorgeführten geometrisierten Formen nicht schon hinter sich gelassen? Wolfgang Pehnt: „Sieht man ein Gebäude wie den Hochzeitsturm, so offenbart dies schon deutlich Züge, die auf das spätere Neue Bauen übergingen, die moderne Architektur der zwanziger Jahre. Erich Mendelsohn, ein Meister dieser Jahre, hat beispielsweise Olbrich sehr geschätzt. Es finden sich in der Tat auch Ähnlichkeiten bei beiden Architekten, zum Beispiel die Fensterleisten, die um die Ecke gezogen sind und auf diese Weise die Plastizität des Bauwerks betonen. Ich denke, dass mit der Mathildenhöhe 1904 und erst recht 1908 der Weg fort vom Jugendstil bereits eingeleitet, teilweise sogar bereits vollzogen war."

Anmerkungen:

(1) „Mathildenhöhe Darmstadt. 100 Jahre Planen und Bauen für die Stadtkrone, Band 1: Die Mathildenhöhe – ein Jahrhundertwerk", Darmstadt 1999, S. 113

(2) Vgl. im Netz: www.architectuul.com/architecture/wedding-tower

(3) Beispiel: „Illustres Darmstadt. Gezeichnet von Illustratoren aus Darmstadt", Darmstadt 2012

(4) Die Linke, Darmstadt. Das Logo prangt auch auf der Titelseite der Zeitung der Stadtverordnetenfraktion.

(5) Zum Beispiel die Herbst-Winter-Kollektion 2011/12, vgl., Darmstädter Echo, 07.03.2011, S. 36

(6) Im Januar 1950 umbenannt in „Werkkunstschule Darmstadt", vgl. „Stadtlexikon Darmstadt", Stuttgart 2006, S. 982

(7) Vgl. Netzseite des Vereins, www.hochzeitsturm-darmstadt.eu

(8) Ebd.

(9) „Mathildenhöhe Darmstadt", a.a.O., S. 115

(10) Ebd., S. 164 f.

(11) „Der inoffizielle Chef der Künstlerkolonie", Darmstädter Echo, Sonderbeilage „100 Jahre Stadtkrone", 17.05.2008, S. 3

(12) Ebd., S. 3, auch alle folgenden Zitate.

DER HOCHZEITSTURM VOM STEMPELKISSEN Ein Bild geht hinaus in die Welt

So war es einmal. Hier ein Exemplar aus dem Jahre 1988. Zum Leben der Künste in Darmstadt schrieb der Journalist und Autor Wolfgang Weyrauch (1904-1980): „Das muss einmal eine Spottdrossel gezwitschert haben, denn richtig ist der Satz nicht. Vielmehr leben die Künstler auch in Köln und in Hannover, aber dass eine Wechselwirkung stattfindet, das gibt es, glaube ich, bloß in Darmstadt: Die Künste sind da, weil die Künstler da sind."
Aus dem Vorwort von Karl Krolow zu: „Darmstadt, Impressionen einer Stadt", Darmstadt, 2000, S. 20

BIOGRAPHISCHES. PH Gruner

Geboren 1959. Seit 1982 in Darmstadt. Studium Politikwissenschaft, Neuere- und Zeitge-schichte sowie Bildungsphilosophie, Magister Artium 1987. Als bildender Künstler (Colla-ge, Montage, Objekt, Installation) tätig seit 1981; Ausstellungen und Ausstellungsbetei-ligungen im In- und Ausland. Ab 1986 zehn Jahre freier Journalist für verschiedene Tageszeitungen und Magazine in Deutschland (u.a. Frankfurter Allgemeine Zeitung, Mannheimer Morgen, Rheinischer Merkur, Vorwärts, Jazz-Thetik, BüchNer, Neue Politi-sche Literatur). Seit 1998 Redakteur beim DARMSTÄDTER ECHO; Politische Feuilletons für Cicero, cicero-online und Deutschlandradio Kultur, Berlin.

1992 bis 1994: Texte für Dieter Hildebrandt (Scheibenwischer, SFB), 1994 bis 1997 Sati-reprogramme (Bühne) mit den Liedermachern Stephan Krawczyk und Karl-Heinz Bom-berg (beide Berlin).

Mitglied des PEN und des Verbandes Deutscher Schriftsteller (VS).

Regionalvorsitzender des Vereins Deutsche Sprache, Region 64 (VDS).

Seit 2011 Geschäftsführer der Gesellschaft Hessischer Literaturfreunde, Darmstadt.

Mitgründer (2005) und Initiator der Literaturgruppe POSEIDON.

Auszeichnungen/Stipendien

1990: Preis der Albert-Osswald-Stiftung (Technische Universität Darmstadt)

2006: Ernst Elias Niebergall-Preis für Printmedien-Journalisten

2007: Egon-Schiele-Stipendium der Hessischen Landesregierung/HMWK

2009: Litauen-Stipendium des Hessischen Literatur-Rates

2010: Egon-Schiele-Stipendium der Hessischen Landesregierung/HMWK

2013: Literatur-Stipendium: 1. Darmstädter „Turmschreiber"

BIBLIOGRAPHIE

Literatur

Kriege bescheren Frieden, Sechs Balladen, Frankfurt a. M., 1984

Über die Kunst, Sieben Kurzgeschichten, Berlin, 1989

Made in Germany. Eine szenische Collage, 1995; Theaterstück (mehrfach aufgeführt, nicht publiziert)

Die Pisa-Lösung. Epigramme, Gedichte, Kurztexte, München 2002

25 Lieblingsorte, Stadtfeuilletons, Darmstadt, 2007

Pullover für Pinguine. Querschüsse, Glossen, Satiren, Darmstadt 2009

Wunderlich und die Logik, Satirischer Roman, Darmstadt, 2012

Wissenschaft/Sachbuch

Die inszenierte Polarisierung. Die Wahlkampfsprache der Parteien in den Bundestagswahlkämpfen 1957 und 1987, Frankfurt am Main, 1990

Frauen und Kinder zuerst. Denkblockade Feminismus. Eine Streitschrift, Reinbek bei Hamburg, 2000

Wissenschaftliche Beiträge

zum Themenkreis Mentalität, Sprache, Werbung, Wahlkampf und Politik (Auswahl):

Burkhard/Fritzsche: Sprache im Umbruch, Berlin, 1992

Hüttig, Emig, Raphael: Sprache und politische Kultur in der Demokratie, Ffm, 1992

Reiher/Läzer: Wer spricht das wahre Deutsch?, Berlin, 1993.

Diekmannshenke/Klein: Wörter in der Politik, Opladen, 1996.

Herausgeberschaft

Befreiungsbewegung für Männer. Auf dem Weg zur Geschlechterdemokratie, Sachbuch mit Beiträgen internationaler Männer- und Geschlechterforscher, Gießen, 2009

Zug um Zug, Anthologie der Literaturgruppe POSEIDON, Otzberg 2009

Stadt-Land-Kuss, Anthologie der Literaturgruppe POSEIDON, Otzberg 2011

Paul-Hermann Gruner / Roman Größer **Lieblingsorte in Darmstadt**

2007, 228 Seiten, 22 x 24 cm, 24,80 Euro, ISBN 978-3-87390-243-5

Paul-Hermann Gruner (Texte) und Roman Größer (Fotos) haben Menschen, die mit Darmstadt verbunden sind, an deren Lieblingsort in der Stadt begleitet. Der von der Designerin Katja Struif exklusiv gestaltete Band enthält 25 Porträts, 25 Feuilletons zur Person, zur Stadt und zur jeweils sehr individuellen Art der Beziehung zwischen ihnen beiden.

Paul-Hermann Gruner **Pullover für Pinguine**

2009, 160 Seiten, 19 x 12 cm, 12,90 Euro, ISBN 978-3-87390-278-7

Der Journalist, Autor und bildende Künstler Paul-Hermann Gruner versammelt eine Auswahl seiner Querschüsse, Glossen und Satiren aus zehn Jahren. Das ist Rauflust pur: Alles über Politik, Wirtschaft, Sprengstoffgürtel, Pjöng und Jang, Mehdörner, Ackermänner, Pfeffersalami, Plastikjuwelen, Domspatzen, Klonhunde und Quarks.

Paul-Hermann Gruner **Wunderlich und die Logik**

2012, 500 Seiten, 21,4 x 13,6 cm, 24,80 Euro, ISBN 978-3-87390-314-2

In diesem satirischen (Kriminal-)Roman lernt Privatermittler Wunderlich eher die Unlogik kennen, unter anderem auch jene der Liebe. Fast kostet ihn der wunderliche Fall, den er vom Hals nicht losbekommt, den Kopf. Ein durch Darmstadt, den Nordschwarzwald, durch Berlin und Arles streifendes Kabinettstück des Fabulierens. Kein Kunst-Roman, sondern Roman-Kunst.

„Wäre Salvador Dalí Krimiautor geworden, herausgekommen wäre vielleicht ein Buch wie dieses. Nicht ohne Grund hat man in Darmstadt diesen Mann zum ‚Turmschreiber' gekürt."
Sprachnachrichten, Dortmund, 2013

„Der Autor begeistert mit einem Crossover aus Gattungen, Intertexten und Bewusstseinszuständen. Gruners Fabulierkunst ist immens und immens beeindruckend."
FAUSTkultur.de, Frankfurt 2012

„Gruner ist ein gesegneter Stilist, der die Sprachmuskeln schön locker hält."
CulturMAG.de, Hamburg, 2012

„Skurril. Höchst vergnüglich zu lesen."
DARMSTÄDTER ECHO, 2012

JUSTUS VON LIEBIG VERLAG

DER DARMSTÄDTER KUNST- UND KULTURVERLAG

SCHREIBEN SIE STADTGESCHICHTE.

Jetzt Mitherausgeber und Abonnent der EDITION DARMSTADT werden. Angesichts des Elends öffentlicher Kulturförderung organisiert Surface Book mit der EDITION DARMSTADT Kulturförderung von unten. Jeweils etwa 300-seitige Flipbooks im Format 14,3 x 12 cm über ebenso bekannte wie bislang übersehene Darmstädter Kulturgüter sollen deren Wahrnehmung stärken und so kulturelle Vielfalt, Erlebniswert und Bekanntheit unserer Stadt fördern. Auch Sie können das Projekt unterstützen und Mitherausgeber werden, indem Sie die EDITION DARMSTADT abonnieren. **DAS ABONNEMENT** beinhaltet vier in loser Reihenfolge erscheinende Flipbooks und kostet Sie 50,- EUR inkl. MwSt. + Versand. Darüber hinaus erhalten Sie jedes zusätzliche Exemplar der EDITION zum Vorzugspreis von 10,- EUR inkl. MwSt. + Versand (Buchhandelspreis 12,80 EUR). Das Abonnement wird über vier Ausgaben abgeschlossen und verlängert sich um jeweils vier weitere Ausgaben, wenn Sie es nicht spätestens einen Monat nach Erhalt der vierten Ausgabe kündigen. Die Rechnung wird Ihnen jeweils mit der ersten von vier Ausgaben zugestellt. Bei Abschluss des Abonnements erhalten Sie gratis „American Surfaces LAS VEGAS".

EDITION DARMSTADT

Flipbooks 14,3 x 12 cm
ca. 320 Seiten
mit über 250 farbigen Fotoseiten

Abonnement und Bestellung unter
www.surface-book.de und
www.edition-darmstadt.de

Band 111,2014

Band 110,2014

Band 109, 2014

Band 108, 2013

Band 107, 2013

Band 106, 2012

Band 105, 2012

Band 104, 2011

Band 103, 2011

Band 102, 2010

Band 101, 2009

EDITION SURFACE

Flipbooks 14,3 x 12 cm
ca. 200 Seiten
mit über 160 farbigen Fotoseiten

Band 004, 2010
Die Architektur der Gruppe 7

Band Volume 003, 2009
Die Innenarchitektur von Romana
Olms Interior Design by Romana
Olms

SURFACE BOOKS

Großformat Large Format 23 x 30 cm
Softcover
deutsch english
durchgehend farbig bebildert
all illustrations in colour

THE INTERNATIONAL SURFACE
YEARBOOK 2013 Historisch und zeit-
los klassisch Historical and timeless
classic 224 Seiten pages, 2012

reddot design award
winner 2012

THE INTERNATIONAL SURFACE
YEARBOOK 2011 Vom Material zur
Oberfläche From Material to Surface
226 Seiten pages, 2011

Bestellung unter **www.surface-book.de**
oder bei **gerd@ohlhauser.de**

Band Volume 002, 2009
Vom Ersetzen zum Übersetzen
From Substitution to Transformation

Band Volume 001, 2009
Das Haus Breitenbach in Lorsch von
H_2S architekten The Breitenbach
House in Lorsch by H_2S architekten

Band 000, 2008
Kamera: Gerd Ohlhauser
Schnitt: Shau Chung Shin
Kritik: Gert Selle

RESOPALE 2007-2012
Lisa Weishaupt
80 Seiten pages, 2011

JUPP GAUCHEL Rhythm & Greens
128 Seiten pages, 2010

DIETER BALZER 2004–2008
+ Hardcover
144 Seiten pages, 2008

SKYNAMIC

CLOSE RANGE AERIAL FILMING

SKYNAMIC, das sind der Drohnen-
pilot Ferdinand Wolf und die
Filmemacher Julian Glöckner und
Gabriel Manz. Wolf fliegt seit über
15 Jahren Modellflug Helicopter und
beherrscht das Fluggerät wie kein Zweiter.
Während er den mit sechs Propellern ausgestatteten Hexacopter
zielgenau navigiert, wird die hochpräzise Kamera von einem der
beiden Filmer ebenso zielgenau ausgerichtet und bedient.
Neben Aerials, professionellen Luftaufnahmen, ist das Close Range
Filming, das Filmen nah an bewegten Motiven wie Autos oder
Schauspielern, das Spezialgebiet von Skynamic. Es ersetzt nicht
nur aufwendige Schienen- und Kranfahrten, sondern ist sehr viel
schneller innerhalb von Minuten zu realisieren, erheblich präziser
und vor allem dynamischer, weil ungebunden.
Zu den Kunden von Skynamic zählen Unternehmen wie Volks-
wagen, Mercedes, das ZDF oder Red Bull im Motorsportbereich.

www.skynamic.net

Romantische Trauungen mit exklusivem Flair

Trauen Sie sich in Darmstadt! Trauen Sie sich im Hochzeitsturm!

Joseph Maria Olbrich errichtete 1908 im Auftrag der Stadt den Hochzeitsturm. Der 48 Meter hohe Turm gilt als Wahrzeichen von Darmstadt und wird in der Bevölkerung aufgrund der fünf abschließenden Dachbögen auch „Fünffingerturm" genannt. Er war ein Geschenk der Darmstädter an den Großherzog Ernst Ludwig zum Gedenken an seine Hochzeit mit der Prinzessin Eleonore zu Solms-Hohensolms-Lich im Jahr 1905. Daher bot es sich an, den Turm mit seinem „Fürstenzimmer" und dem „Hochzeitszimmer" und ihrem exklusiven Flair für Trauungen zu nutzen. Neben dem Alten Rathaus im Renaissance-Stil von 1590 am Marktplatz gilt der Hochzeitsturm als einer der renommiertesten standesamtlichen Trauungsorte in Deutschland und darüber hinaus, in dem sich alljährlich rund 500 Paare in feierlichen Zeremonie das Eheversprechen geben.

Die Trautermine, aber auch nützliche Informationen rund um die Eheschließung sind auf der Homepage der Stadt (www.darmstadt.de) unter dem Stichwort Standesamt zu finden.

Standesamt Darmstadt, Marktplatz 8, 64283 Darmstadt
Telefax 06151/132765, E-Mail: standesamt@darmstadt.de

Öffnungszeiten: Mo – Do 7.30 – 12.00 Uhr und Mi 14.00 – 18.00 Uhr
Das Team für Ihre Eheschließung oder Lebenspartnerschaft erreichen Sie unter 0 61 51 - 13-2766, -4442, -4441, -3059, auswärtig wohnende Paare unter - 13-4450
am besten Mo – Do 13.00 – 15.00 Uhr und Fr 8.00 – 12.00 Uhr

DANKSAGUNG

Für ihre freundliche Unterstützung danken wir:

Bildungszentrum für Gesundheit Mathildenhöhe, Darmstadt
Darmstädter Förderkreis Kultur e.V.
Fernau Präzisionstechnik GmbH, Darmstadt
HEAG Kulturfreunde Darmstadt gGmbH
Lars Petersen GmbH, Eppertshausen
Mathildenhöhe Darmstadt – Museumsshop im Oktogon
Shiraz Restaurant, Darmstadt
Skynamic, Ferdinand Wolf, Mainz
Ulrich Diehl Verlag und Medienservice GmbH, Darmstadt

Verlag und Fotograf bedanken sich bei allen die zur Realisierung beigetragen haben, insbesondere: Alfred Helfmann, Günther Körner und Uwe Seitz vom Förderverein Hochzeitsturm e.V., Ulli Emig und Daniel Griensted vom Institut Mathildenhöhe, Volker Rinnert und Sigrid Velten vom Standesamt der Wissenschaftsstadt Darmstadt, Frau Scherer von der Handwerkskammer Rhein Main, Fuß-Orthopädie Günther am Luisenplatz, Kiki Holletschek (Woog-Gastronomie GmbH), Nikolaus Heiss, Adrian Opitz, Waltraud Müller, Claus-Uwe Rank, Frau und Herr Diehl.
Für die freundliche Kooperation bei der Vorbereitung und Durchführung der Luftaufnahmen vom Hochzeitsturm danken wir der Wissenschaftsstadt Darmstadt (Grünflächenamt, Kulturamt und Eigenbetrieb Kulturinstitute, Pressestelle, Strassenverkehrs- und Tiefbauamt) und dem 1. Polizeirevier Darmstadt.

SHIRAZ

PERSISCH-ORIENTALISCHE SPEZIALITÄTEN

15 Euro

Gutschein wird vom Restaurant abgetrennt

Gutschein

Am Fuße der Mathildenhöhe, Dieburger Straße 73 / Ecke Lucasweg
64287 Darmstadt, Tel. 06151-6011640, www.shiraz-restaurant.de
täglich 11.30 bis 24.00 Uhr